Aveline Tomoko Kushi
# Mit Miso kochen

# MIT MISO KOCHEN

Aveline Tomoko Kushi

MAKROBIOTIK

生活 食物 健康

Mit Miso kochen
Die Originalausgabe erschien 1978
bei Japan Publications, Inc.
unter dem Titel:

**How to Cook with Miso**

ISBN: 3-923176-27-9
Deutsche Übersetzung:
Detlef von Rabenau / Wolfgang Hertling
Die Übersetzung der Zitate von Michio Kushi
auf den Seiten 22 ff sind mit der
freundlichen Erlaubnis des Verlags Bruno Martin
dem BUCH DER MAKROBIOTIK entnommen


Umschlaggestaltung: Atelier Heine, Groß-Umstadt
Illustrationen: Aveline Tomoko Kushi
Druck: Nexus-Verlag, Frankfurt

Dieses Buch ist in Liebe und Dankbarkeit
meinen Lehrern George und Lima Ohsawa gewidmet,
meinem Mann, meinen Kindern und allen Freunden,
die mit uns in den letzten Jahren zusammengelebt haben.

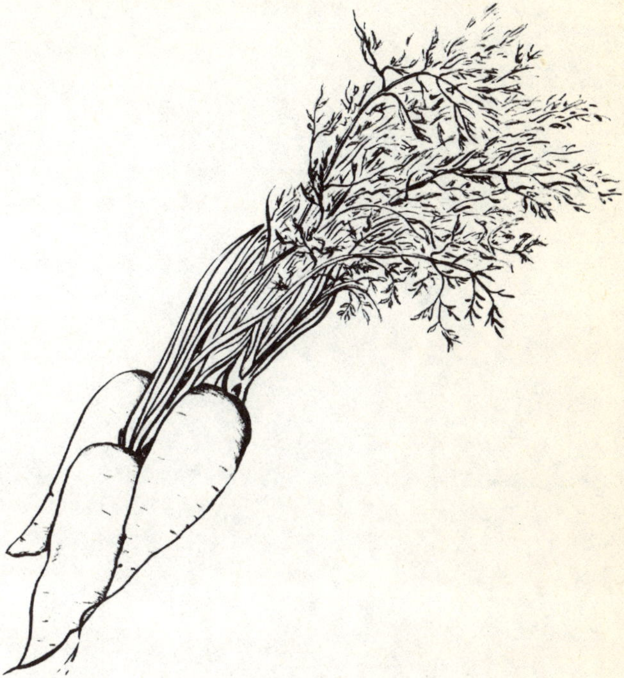

# Vorwort zur deutschen Ausgabe

In den Wochen nach dem Reaktorunfall von Tschernobyl war in vielen deutschen Naturkostläden Miso plötzlich ausverkauft. Es enthält Zybicolin, eine Substanz, die fähig sein soll, radioaktive Substanzen im Körper zu binden.

Auch sonst finden die Meldungen über die gesundheitlichen Wirkungen von Miso zunehmend Beachtung. Miso zur Vorbeugung gegen Magenkrebs, Miso als Schutzmittel gegen radioaktive Strahlungen. Und während lange Zeit die Gesundheitswirkung von Miso etwas ,,mystisches" hatte, wird sie jetzt auch von wissenschaftlicher Seite bestätigt.

Eine japanische Forschungsgruppe wies in Miso Ethyl-Ester-Säure nach, eine Substanz, die vorbeugend gegen Krebs wirken soll. Auch Statistiken wiesen nach, daß unter Japanern, die täglich Misosuppe tranken, die Krebsrate erheblich niedriger war, als unter solchen, die nie Misosuppe verwenden.

Was hat es mit diesem ,,Wundermittel" auf sich?

Miso ist eine bräunliche Paste, die schon vor etwa 2500 Jahren in China bekannt war. Im siebten Jahrhundert wurde es von buddhistischen Priestern nach Japan gebracht, wo es verfeinert und in verschiedenen Sorten entwickelt wurde.

Die Grundbestandteile sind Sojabohnen, Getreide und Salz, die unter Beifügung eines bestimmten Edelschimmelpilzes im einem bis zu zwei oder drei Jahre dauernden Fermentationsprozeß reifen.

Die Sojabohnen werden pur oder mit Getreide gemischt mit dem Pilz geimpft, in Salz eingelegt und in Holzfässern für durchschnittlich zehn Monate gelagert. Dabei entsteht ein sehr hochwertiges Nahrungsmittel. Neben wertvollem Eiweiß stecken im Miso viele Enzyme, Bakterien und Hefen, die in den rohen Zutaten nicht vorhanden sind.

Miso ist ein bewährter Verdauungs- und Stoffwechselförderer und wird ebenso bei Erkältung, bei Parasiten und unreiner Haut empfohlen. Es enthält das in Pflanzennahrung seltene, aber lebenswichtige Vitamin B 12 und hilft, Gifte im Körper an sich zu binden und auszuscheiden. So ist Miso nicht nur als Würzmittel hervorragend, sondern auch von hohem gesundheitlichen Wert. ,,Die braune Butter Japans", wie Miso auch genannt wird, ist als Nahrungsmittel in Suppen, Saucen und anderen Gerichten ebenso wie als Aufstrich universell einsetzbar.

Das vorliegende Kochbuch von Aveline Tomoko Kushi soll die vielfältigen Verwendungsmöglichkeiten von Miso zeigen. Sie beschreibt die Wirkungen von Miso nicht aus dem naturwissenschaftlichen Blickwinkel. Ihr Ansatz basiert auf den Prizipien von Yin und Yang, auf der makrobiotischen Lebensweise.

Vieles in diesem Buch mag den Lesern, die noch nichts oder nicht viel über Makrobiotik gehört haben, zunächst etwas exotisch vorkommen. Doch wer sich nach den hier angeführten Rezepten richtet, wird manches der zugrundeliegenden Prizipien besser verstehen können. Denn für Aveline Kushi gehört das Zubereiten von Nahrung zu den wichtigsten Aufgaben auf der Suche nach dem menschlichen Glück. Und wer wie sie das Kochen als höchste menschliche Kunst und als einen schöpferischen Akt versteht, der hat schon einen Schritt zum Verständnis des Universums getan.



**Aveline Tomoko Kushi**

# Vorwort

Als ich vor über 30 Jahren in die USA kam, waren dort fast keine Vollwert-Lebensmittel erhältlich. Wir mußten mit wenigen Produkten, wie Haferflocken, Buchweizengrütze, und anderen Dingen, die es in orientalischen Geschäften zu kaufen gab, wie Buchweizen, Nudeln und einigen Algenarten, auskommen.

Wir wohnten in New York in der Nähe der Columbia Universität. Ein- oder zweimal im Jahr ließen wir uns eine Sendung *Hatcho Miso* schicken, um unserer Nahrung die Nährstoffe zu geben, die für alle wichtig sind, die nicht viel tierische Nahrung zu sich nehmen. Heute wird ein tausendfaches an Miso aus Japan in die USA importiert, wie vor 30 Jahren. So ist heute für uns Gersten-Miso, Reis-Miso und braunes Reis-Miso von bester Qualität erhältlich. Und ich hoffe, daß man auch in Amerika damit beginnen wird, Miso aus einheimischen Getreiden zu produzieren. Es wäre wünschenswert, daß in den verschiedenen Gegenden dieses Landes Nahrungs-Produktionen entwickelt werden, die den jeweiligen klimatischen Bedingungen angepaßt sind.

Acht Jahre sind vorübergegangen, seit ich mit den Arbeiten für dieses Buch begonnen habe. Die Zeit vergeht wie im Flug, und noch immer ist es unser Traum und auch ein Versuch, unsere Dankbarkeit zu zeigen, unseren makrobiotischen Weg des Lebens im Westen zu verbreiten, um den Menschen mehr Gesundheit und Glück zu geben. Ich will dieses Buch schreiben, um den Menschen zu helfen, Miso in ihrer täglichen Ernährung zu verwenden, da Miso einer der wesentlichen Schlüssel dazu ist, von einer Ernährung mit tierischen Lebensmitteln zu einer gesünderen und friedlicheren Nahrung umzusteigen: Getreide und Gemüse.

Unterstützung in diesem Vorhaben habe ich in den letzten Jahren durch William Shurtleff erhalten, der viel Energie in die Erforschung von Miso und anderen fernöstlichen Produkten gesteckt hat. Er unternahm einige Reisen nach Japan und veröffentlichte „The Book of Miso" (Das Miso-Buch, Ahorn-Verlag).

Eine große Hilfe bei der Fertigstellung dieses Buches waren auch die Erfahrungen, die ich in den letzten Jahren bei den Vortragsreisen meines Mannes in Europa, Mittel- und Lateinamerika machte. Ich begleitete ihn und leitete dabei Kochkurse an. Dabei lernte ich viele interessante Menschen kennen. Mein besonderer Dank gilt Rebecka Greenwood, die ihre Zeit und ihre Arbeit opferte, um mir bei den Anfängen des Manuskriptes zu helfen. Während sie für mich die Schreibarbeit übernahm, begann ich mit den Zeichnungen für dieses Buch, eine Arbeit, die ich seit meine Colleg-Zeit nicht mehr gemacht hatte.

Später halfen mir Lillian Barsevick und Olivia Oredson dabei, daß das Buch die endgültige Form fand. Doch jetzt ist es an der Zeit, eine wunderbare Miso-Suppe zu kochen. Das Buch ist genug ausgereift.

AVELINE TOMOKO KUSHI
**Brookline, Massachusetts**
**im Mai 1978**

# Inhalt

## Erste Erfahrungen mit Yin und Yang

In West-Japan liegt die friedliche Stadt Matsue. Fünf Autostunden von dort in die Berge ist der Ort, in dem ich geboren wurde. Noch immer habe ich das Bild vor Augen, wie ich als Kind die Dampflokomotiven die sanft ansteigenden Berge hinaufkeuchen sah.

Die Stadt Hiroshima ist von meinem Geburtsort weitere fünf Stunden entfernt. Die nördliche Seite der Berge in Richtung des Meeres und Matsue wird Sun-Yin genannt. Dort ist das Wetter meist wolkig, dunkel und kalt. Der südliche Teil in Richtung Hiroshima, wo meist die Sonne scheint, wird Sun-Yo genannt (Yo ist das alte chinesische Wort für ,,Yang").

Vor etwa 80 Jahren gelangten die ersten christlichen Einflüsse in das Bergdorf. In meinem Geburtsjahr wurde eine christliche Kirche mit einem hohen Turm in der Mitte des Dorfes gebaut, was ihm eine exotische Atmosphäre gab.

Meine Eltern waren sehr fromme Christen, was soweit ging, daß sie die ersten in dieser Gegend waren, die christlich heirateten. Obwohl sie sehr arm waren, führten sie einen sehr friedvollen Haushalt. Beide trugen stets eine Bibel bei sich. Damals war die Bibel in Japan noch sehr unbekannt, und als mein Vater seinen Militärdienst leistete, wurde er deswegen in ein Militärgefängnis gesteckt. Aber da er ein guter Soldat war, wurde er bald entlassen, und es wurde ihm erlaubt, seine Bibel zu tragen und darin zu lesen. Mein Name ,,Tomoko" bedeutet ,,Gott ist mit mir". Immer wieder, sowohl zu Hause als auch in der Kirche, wurden die Geschichten des Alten und des Neuen Testamentes wiederholt, so daß wir Kinder sie alle auswendig kannten.

Im Februar 1950 kam ich zum ersten Mal in George Oshawa's Privatschule in der Nähe von Tokio, um dort für 1 1/2 Jahre zu bleiben und zu studieren. Die Schule hatte zwei Namen: ,,Maison Ignoramus" und ,,Student World Government Association". Sie gab eine Zeitschrift heraus, die sich mit Fragen der Weltpolitik beschäftigte. Zweck der Schule war es, das Verständnis für die Prinzipien von Yin und Yang zu fördern.

Nachdem ich eine Woche im ,,Maison Ignoramus" war, zeigte ich Mr. Oshawa mein Tagebuch. Ich hatte einige Seiten in ein Notizbuch geschrieben. Ich erhielt das Buch zurück und die erste Seite war durchgestrichen mit einem großen, gnadenlosen ,,X". Das X war mit einem Füllfederhalter geschrieben und an einigen Stellen hatte er so fest aufgedrückt, daß das Papier ein Loch hatte. Zweifellos hatte er seine Bewertung mit all seiner Energie vorgenommen. Ich fragte nun, was an meinen Aufzeichnungen so falsch war. Ich hatte nur ganz einfach von meinen Gefühlen während der ersten Zeit an der Schule berichtet und es ihm zu lesen gegeben.

Ich hatte geschrieben: „In der christlichen Kirche wird immer wieder gesagt, daß jeder ein Kind der Sünde ist, und man fühlt sich leicht angegriffen von dem Wort ‚Sünde', das oft und wahllos gebraucht wird. Hier wird in derselben Art und Weise alles auf die Begriffe ‚Yin' und ‚Yang' zurückgeführt. Die Worte ‚Yin' und ‚Yang' haben etwas von dem Geruch einer dogmatischen Religion." Ich weiß nicht, was passiert wäre, wenn ein weniger selbstbewußter Mensch mit einem schwächeren Willen solch eine Bewertung erhalten hätte. Aber ich war unempfindlich und sagte bloß zu meinen Freunden: „Ich habe noch nie solch eine Bewertung erhalten, und außerdem sind da Löcher im Papier."

Aber ich begriff, daß das Ziel der Schule von George Ohsawa das Verständnis von Yin und Yang war. Später gebrauchte auch ich die Begriffe Yin und Yang in der normalen Konversation ohne jede Vorbehalte. Als etwa ein Jahr vergangen war, im Frühling 1951, ging ich einmal in der Nähe von Ohsawas Haus spazieren. Es stand auf einem hübschen Hügel, umgeben von grünen Senfpflanzen mit gelben Blüten, und auch frisch gekeimter Weizen war zu sehen. Als ich so umherspazierte an diesem wundervollen Frühlingsnachmittag, erkannte ich, daß alle Phänomene um mich herum, daß die ganze Ordnung des Universums nach den Prinzipien von Yin und Yang funktionieren. Diese Erkenntnis ging sehr tief, bis auf den Grund meines Herzens. In diesem Moment war es so, wie auf einem See bedeckt mit Eis, und das Eis beginnt zu schmelzen und zu brechen. Es war einer der seltenen Momente eines tiefen Gefühles, als diese Einsichten kamen.

Von diesem Zeitpunkt an war ich froh. Ich schrieb in mein Notizbuch einige Sätze, die meine Erkenntnisse beschrieben und zeigte sie, wie jeden Tag, George Ohsawa. Er pflegte jeden Morgen um 2 oder 4 Uhr aufzustehen, um zu dieser frühen Stunde die Berichte seiner Schüler zu lesen, oder Briefe zu beantworten. Am Tag nachdem ich ihm meine Aufzeichnungen gegeben hatte, gab er mir die Erlaubnis, in die USA zu gehen.

Während meiner Zeit im „Maison Ignoramus" beschäftigte ich mich überhaupt nicht mit makrobiotischer Ernährung oder anderen Aspekten der natürlichen Heilung. Mit dieser Ausgangssituation kam ich in die USA, wo ich mich von Anfang an um diese Dinge bemühte.

In Japan gehören die Worte „Yin" und „Yang" von klein auf zum allgemeinen Wortschatz. Trotzdem hatte ich zunächst Probleme, sie so zu gebrauchen, wie wir es bei George Ohsawa lernten. Für Nicht-Japaner, die diesen Wörtern zum ersten Mal begegnen, mag ihr Gebrauch zunächst sehr befremdend wirken. Aber wenn man sie häufiger gebraucht, wird man sehen, daß sie wirklich auf dem gesunden Menschenverstand beruhen, und leicht und einfach zu verstehen sind. Sie sind wie magische Brillengläser, die uns befähigen, die Dinge klar zu sehen.

Wichtig ist, daß das ein Werkzeug ist, daß jedesmal, wenn wir es benutzen, schärfer und wertvoller wird. Es gibt viele Wege, diese Ordnung des Universums (Yin und Yang) zu studieren. Die beste Übungsgelegenheit dafür gibt das tägliche Leben in der Küche. Ich denke, auch Sie werden sehen, daß Yin und Yang nützlich für Ihr Leben sind. Es gibt viele gute Bücher und Publikationen zur Einführung, und wenn Sie diese lesen, werden Sie genug Wissen haben, das Sie führen kann. Aber letztendlich werden die besten Lehrer die Speisen sein, die Sie bereiten, und die Zutaten, die Sie dazu verwenden. Ihr Reis und Ihre Zwiebeln, die Karotten und das Salz, die Messer und Töpfe werden Sie am besten unterrichten. Wenn Sie vorsichtig den leisen Anweisungen zuhören, die sie Ihnen geben, werden Sie fähig sein, Ihre Intuition zu entwickeln und auch Ihre Familie glücklich zu machen.

*Wer*
*das Männliche weiß*
*und das Weibliche bewahrt,*
*der wird das Strombett der Welt.*
*Wer*
*das Strombett der Welt ist,*
*den verläßt die Tugend nicht*
*und er wird wieder zum Kind.*

*Wer*
*das Helle weiß*
*und das Dunkle bewahrt,*
*der ist Vorbild für die Welt.*
*Wer*
*Vorbild ist für die Welt,*
*der verfehlt die Tugend nicht*
*und kehrt zurück*
*in den Urzustand.*

*Wer*
*die Ehre weiß*
*und die Unehre bewahrt,*
*der wird das Tal der Welt.*
*Wer*
*das Tal der Welt ist,*
*der hat der Tugend genug*
*und kehrt heim*
*zur Einfalt.*

Lao Tse, Tao Teh King

## Die Kunst des Kochens

Kommen Sie doch in meine Küche — ich heiße Sie willkommen.

Als George Ohsawa das letzte Mal in den USA war, wohnte er in unserem Haus. Eines Tages sagte er lächelnd zu uns: „Ich habe eine Definition für Glück gefunden: es ist die Verwirklichung unserer immerwährenden Träume."

Seine einfachen Worte beeindruckten mich sehr, denn nach dem Studium der Makrobiotik und durch die Hinwendung zu guter Ernährung hatte ich entdeckt, daß der Weg des Lebens offen ist: es ist möglich, Träume zu verwirklichen. Und der eigentliche Zweck des Kochens ist es, Glück durch die Verwirklichung dieses Traums zu schaffen. Deshalb habe ich dieses Buch für Sie geschrieben. Nicht nur, weil es Kochtechniken darstellt, sondern weil ich hoffe, daß es Ihnen hilft, Ihr eigenes wahres Glück zu finden.

Als ich in Georges Ohsawas Makrobiotik-Schule in Tokyo studierte, begann ich die Bedeutung von Nahrung und ihrer Zubereitung zu entdecken. Trotzdem kochte ich während meines Aufenthaltes nicht ein einziges Mal, da ich mich nicht dazu qualifiziert fühlte, die Küche zu betreten. Erst als Mr. Ohsawa mich in die USA schickte, begann dort meine eigentliche Kochausbildung. Ich lernte zusammen mit Lima Ohsawa während ihrer Besuche in den USA und ich sammelte Erfahrungen durch das Kochen für meinen Mann und meine fünf Kinder und auch dadurch, daß ich Kurse für viele junge Amerikaner hielt, die in Boston die Makrobiotik studierten.

Wenn Sie jetzt erst mit dem Kochen anfangen, wird es sinnvoll sein, wenn Sie sich bei den ersten Versuchen mit den Rezepten an die vorgegebenen Mengenangaben halten, aber später sollten Sie sich nicht durch solch eine technische Vorgehensweise einengen, sondern Ihrer Intuition freien Raum lassen.

Kochen ist ein hervoragendes Meßinstrument für Ihre körperliche, geistige und seelische Verfassung, da jedes Gericht, das Sie zubereiten eine Widerspiegelung Ihrer selbst ist. Um Ihre Kochfähigkeiten zu verbessern, ist es sehr hilfreich, über dem eigenen Zustand nachzudenken und versuchen, ihn zu verstehen. Durch die Beurteilung des Geschmacks, der Ausgewogenheit und des Erscheinungsbildes einer Mahlzeit und die Einschätzung, wie Ihre Familie sich fühlt, wenn sie gegessen hat, können Sie ihre Verfassung bestimmen.

Sie haben außerdem auch einen großen Lehrer jeden Tag vor sich: Ihr eigenes Spiegelbild. Jederzeit können Sie die guten oder schlechten Ergebnisse Ihrer Kochkünste in Ihrem eigenen Gesicht widergespiegelt sehen. Sicherlich müssen Sie dafür etwas von Orientalischer Diagnose verstehen, aber Sie können auch recht einfach sehen, daß manchmal Ihre Nase gerötet ist, oder daß

Sie dunkle Ringe unter den Augen haben oder daß ein anderes Symptom eines körperlichen Ungleichgewichts auftritt. Deshalb sollten Sie jeden Morgen, wenn Sie aufstehen in den Spiegel schauen und jede Veränderung gegenüber dem Vortrag registrieren — das wird Ihnen auch eine Beurteilung Ihrer Ernährung ermöglichen.

Auch wenn es seltsam klingt — Sie können Ihren Zustand durch die Art Ihrer Nahrungszubereitung verändern. Konzentrieren Sie sich einfach auf die Lebensmittel, auf Ihre Zubereitung und auch auf das, was Sie erreichen wollen. Es ist tatsächlich eine wundervolle Aufgabe, für die Ernährung und die Entwicklung anderer zu kochen. Wenn man das Kochen aus diesem Blickwinkel sieht, ist es nicht länger eine unangenehme Aufgabe, sondern eine positive und glückliche Erfahrung.

Hier sind einige Vorschläge, die nützlich sein können:

Bevor sie in die Küche gehen, sollten Sie sich waschen, eine frische Schürze anziehen und Ihr Haar, wenn es lang ist, hochstecken. Es ist besser, wenn Sie kein Parfüm an sich haben, wenn Sie kochen, sein Geruch stört die Wahrnehmung der Gerüche der Lebensmittel. Genauso stört das Hören lauter Musik das Hörvermögen, beim Kochen gibt es eine Menge interessanter Geräusche zu hören: Brutzeln und Blubbern, und aus diesen Geräuschen können Sie schließen, wie das Kochen vorangeht.

Eine saubere aufgeräumte Küche ist Grundvoraussetzung für ein vernünftiges Kochen. Und die Ornung und Sauberkeit sollte auch während dem Kochen und vor dem Servieren aufrechterhalten oder wiederhergestellt werden.

Nehmen Sie sich genug Zeit, so daß Sie friedlich und in Harmonie mit Ihrer Umgebung arbeiten können. Gehen Sie an die Arbeit mit Demut, aber auch dem Stolz eines Künstlers heran, denn mit dieser Haltung wird Ihre Liebe in das Essen, das Sie zubereiten fließen und denen, die es essen Glück bringen.

Beginnen Sie mit einem klaren Kopf. Legen Sie alle Ihre Probleme und Sorgen ab und seien Sie einfach nur in der Küche, mit all Ihrer Energie auf die Zubereitung der Speisen gerichtet. Sicherlich hat jeder seine Sorgen, kleine und große, aber legen Sie diese ab und versuchen Sie sie ganz zu vergessen, während Sie kochen. Wenn Sie Ihre Sorgen ablegen und mit einem klaren Kopf kochen, wird das Essen besser, und nach dem Essen wird jeder friedlicher sein.

Planen Sie die Zubereitung des Essens. So sollten Sie den richtigen Zeitpunkt für das Aufstellen des Reis und das Einweichen der Algen finden, denn dann wird das Kochen zu einem harmonischen Ablauf und die verschiedenen Gänge sind zur rechten Zeit fertig.

Betrachten Sie den Zustand der verschiedenen Familienmitglieder und kochen Sie entsprechend. Ebenso hat die Athmosphäre und die Jahreszeit Einfluß auf das, was Sie kochen und wie Sie kochen. Kochen Sie vorausschauend auf den nächsten Tag, denn die Nahrung von heute zeigt morgen ihre Wirkung. Daher sollte es immer berücksichtigt werden, wenn jemand am nächsten Tag eine Reise plant oder bestimmte Aufgaben zu erledigen hat.

Versuchen Sie nicht mit aller Gewalt, ein „guter Koch" zu werden oder die Lebensmittel an Ihren individuellen Charakter anzupassen. Denken Sie lieber an die ursprüngliche, natürliche Qualität der Lebensmittel. Ein guter Koch sollte wie ein Dirigent eines guten Orchesters sein, der versucht alle Harmonien und Ordnungen, die in den Nahrungsmitteln sind, ihren natürlichen Geschmack und ihre Kraft in Einklang miteinander zu bringen. Nahrung ist wirklich Ihr Leben — sie hat eine große Macht.

Kochen Sie einfach. Es ist nicht empfehlenswert, zu viele Ding zu mischen. Versuchen Sie jede Zutat zu kennen, ihre eigene Note zu erkennen, wie sie schmeckt und riecht und auch ihre Wirkung auf unsere Gesundheit. Einige Leute benutzen Zutaten, die unnatürliche Färbungen, Gerüche und Geschmäcke verursachen. Sie benutzen häufig auch Gewürze, um das unbefriedigende Produkt ihrer Kocherei zu kaschieren. Aber die beste Art der Nahrungszubereitung erhält den natürlichen Geschmack und die natürliche Farbe jeder Speise.

Und die wichtigste Sache überhaupt — kochen Sie mit Liebe. Überlegen Sie sich genau, was Sie erreichen wollen und mit Vorsicht und Geduld werden Sie Ihr Ziel erreichen. Denken Sie über jede Person nach, die Ihre Gerichte essen wird, und darüber, wie Ihre Speisen ihr Kraft geben und ihr helfen, ihr Glück zu verwirklichen.

Und wenn Sie für Ihren Ehemann oder eine andere geliebte Person kochen, kann das sehr zur Verbesserung Ihrer Kochkünste beitragen. Denn das ist der beste Weg, kochen zu lernen: wenn Sie jemanden haben, für den Sie kochen wollen.

# Ausgewogene und gesunde Ernährung mit Miso

Eine ausgewogene Ernährung, die an unseren Zustand, der Jahreszeit, dem Klima und allen anderen Umweltbedingungen angepaßt ist, ist äußerst wichtig für unsere tägliche körperliche, geistige und seelische Verfassung. Und unsere Verfassung entscheidet in der Summe darüber, ob unser Leben von Tag zu Tag glücklicher oder aber immer unerfreulicher wird.

In den letzten Jahren hat mein Mann, neben seiner Lehrtätigkeit, vielen Menschen — einzeln oder in Gruppen — Ernährungsratschläge gegeben. In den USA und in Europa haben sich mehr als 10 000 Menschen mit seinen Erfahrungen beschäftigt. Und bei denen, die in der Lage waren, seinen Vorschlägen zu folgen, sah man bald, daß sie gesünder und glücklicher waren. Aus diesen Erfahrungen heraus formulierte er Prinzipien der Ernährung.

Wenn Sie mehr über seine Empfehlungen und Einzelheiten über die Philosophie der Ernährung wissen wollen, empfehle ich Ihnen das *Buch der Makrobiotik* (Verlag Bruno Martin).

Hier kurz die grundlegenden Ernährungsempfehlungen, wie sie mein Mann beschreibt:

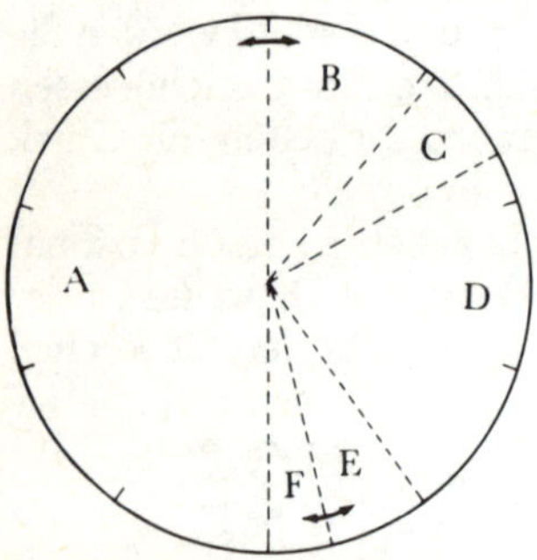


Mit tierischer Nahrung

A. Ganze Getreidekörner
B. Hülsenfrüchte, Samen
C. Suppe, stellt urtümliches Meereswasser dar, mit Meersalz, Enzymen oder Bakterien und Seegemüsen
D. Gemüse: urtümlich, modern und Seegemüse
E. Tierische Nahrung, vorzugsweise Fisch und Meerestiere, oder primitive Landtiere
F. Früchte und Nüsse

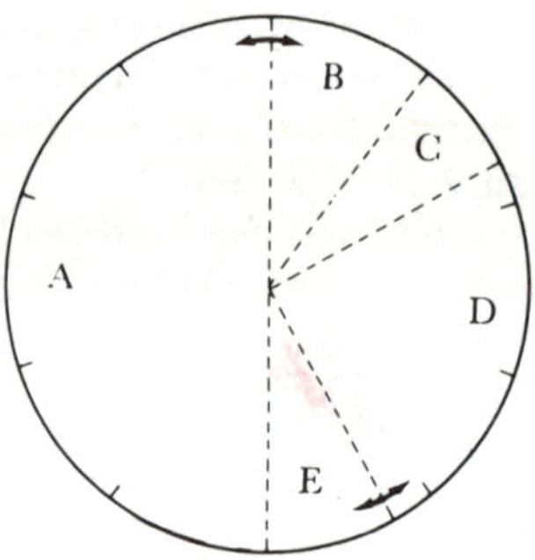


Nur Pflanzennahrung

A. Ganze Getreidekörner
B. Hülsenfrüchte, Samen
C. Suppe ...
D. Gemüse: urtümlich mehr gekocht und modern, weniger gekocht
E. Früchte und Nüsse, sowie rohe moderne Gemüse und Eingesäuertes

Die Pfeile zeigen Auswechselbarkeit und Flexibilität zwischen den benachbarten Kategorien

Die Zubereitung und der Verzehr dieser Nahrungsmittel solltenjedoch folgenden Prinzipien wiederum hinsichtlich des biologischen Evolutionsprozesses folgen:

1. *Hauptnahrungsmittel,* namentlich Getreidekörner und deren Produkte — wie Brot, Flachbrot, Nudeln und Teigwaren — sollten vom Anfang bis zum Ende der Mahlzeit gegessen werden. Bohnen und Samen, da sie Getreidearten nahestehen, können ebenso als Teil der Hauptnahrung oder im Gericht der Hauptnahrung verwendet werden, z. B. Bohnen können zusammen mit Reis oder anderen Getreiden gekocht oder serviert werden, und Sesamsamen, zusammen mit Meersalz geröstet und zermahlen, können als Zusatz zum Getreidegericht benutzt werden.

2. *Suppen,* bestehend aus Meeresgemüsen mit oder ohne Fischgeschmack, und manchmal auch Landgemüse, Bohnen oder Getreide, sollten als erster Teil des Zusatzgerichtes gereicht werden. Solch eine Suppe, die besonders Meeresgemüse und fermentierte Enzyme mit leicht salzigem Geschmack enthält, ist tatsächlich eine kondensierte Form des urtümlichen Meeres, in dem sich das frühe Leben vor der Landbildung entwickelte.

3. *Landgemüse:* Blättrige Boden- und Wurzelgemüse, gekocht auf verschiedene Arten, z. B. gedämpft, gekocht, gebacken und gebraten (wenn wir Öl benutzen, sollte es pflanzliches Öl sein), sollten als zweiter Teil der Zusatzgerichte gereicht werden. Gemüse urtümlichen Ursprungs sollten mehr gekocht werden. Die jüngeren Ursprungs sollten weniger gekocht werden und von Fall zu Fall auch in ungekochter Form als Salat und Eingesäuertes genommen werden, entsprechend den Umweltbedingungen und den persönlichen Bedürfnissen.

4. *Meeresgemüse und Wassermoose,* getrennt oder zusammen gekocht mit einigen Landgemüsen oder Bohnen, können als dritter Teil der ergänzenden Nahrung gereicht werden. Diese Meeresgemüse können auch in Suppen als erster Teil der ergänzenden Nahrung gereicht werden.

5. *Fisch, Meerestiere und andere tierische Nahrung* können als Teil des zweiten Teiles der Zusatznahrung benützt werden, zusammen mit Land- und Seegemüsen, wegen ihrer gegensätzlichen und sich ergänzenden Beziehung in ihrer biologischen Entwicklung. Wie zuvor erwähnt, ist urtümliches Leben vorzuziehen.

6. *Früchte und Nüsse,* entsprechend der Jahreszeit und dem Ort gewählt, können den letzten Teil der Zusatznahrung bilden, oder die letzte Ergänzung der ganzen Mahlzeit, und von Zeit zu Zeit als Dessert in entweder frischer, gekochter oder getrockneter Form im Falle der Früchte, und mit Meersalz geröstet im Falle der Nüsse genommen werden.

7. *Getränke* können als letzter Teil der gesamten Mahlzeit zusammen mit dem Dessert oder auch allein genommen werden. Solche Getränke sollten ge-

wöhnlich aus modernen Kräuterpflanzen bestehen, können jedoch gelegentlich aus urtümlichen Pflanzen und Meeresgemüsen bestehen. Fermentierte Getränke, wie alkoholische jedoch, sollten in kleiner Menge vor dem Mahl genommen werden, wenn der erste Teil der Zusatznahrung keine Suppe mit fermentierten Enzymen enthält, um den Appetit und die Verdauung zu stimulieren.

Der Gebrauch von Miso in der Suppe ist der einfachste Weg, Miso jeden Tag zu sich zu nehmen. Die Menge des Misos und die Art der Gemüse, die in die Suppe kommen, hängt von der individuellen Verfassung und auch der Jahreszeit ab. Im Allgemeinen können Leute, deren Verfassung eher yin ist eher Miso zu sich nehmen, das eher yang ist, ebenso auch yangigeres Gemüse und eventuell auch Fisch. Ein Mensch, der mehr yang ist sollte eher eine yingige Suppe mit einem leichteren Geschmack zu sich nehmen.

## Vorschläge für den Gebrauch von Miso

**1) Wildkräuter mit Miso**

Wilde Gemüse geben uns Kraft und Energie. Wenn Sie sie selbst sammeln, werden Sie auch ihre Kräfte richtig würdigen können. Gemüse wie Löwenzahn, Kletten und andere haben im Allgemeinen einen kräftigen, natürlichen Geschmack. Wenn Sie sie mit Miso kochen, wird ihr ,,wilder" Geschmack milder und besser genießbar. Außerdem neutralisiert Miso schädliche Stoffe, wenn Sie einen Fehler beim Sammeln der Wildgemüse gemacht oder durch Unachtsamkeit einige weniger genießbare Kräuter darunter gemischt haben. (Natürlich hilft Miso nicht gegen stark giftige Pflanzen. Diese sollten Sie kennen!) Starke Kräuter wie Schnittlauch, Karottenkraut, Löwenzahnblätter und andere geben, sautiert mit Miso, starke Lebenskraft.

**2) Miso im Winter**

An kalten Wintertagen können mit Miso zubereitete Speisen Sie davor schützen, zu frieren. Oder sie helfen Ihnen, sich von einer Erkältung zu erholen. Ein besonders gutes Gericht ist weicher Reis, gekocht mit Rettich, Kombu, Tofu, Lotoswurzeln und Miso. Wenn Sie sehr yang sind oder leichtes Fieber haben, können Sie auch getrocknete Pilze hinzufügen, sanft gekocht und mit Miso abgeschmeckt, was Sie sehr gut wärmen wird. Das ist ein ideales Frühstück, das Sie vor Erkältung schützen kann, wenn es sehr kalt ist.

**3) Miso als Energiespender**

Allgemein läßt sich Miso bei Schwäche, verursacht durch Yin-Einflüße, als Misosuppe, Reis mit Miso und manchmal auch in Form von anderen Beilagen mit Miso, wie *koi-koku*, und ebenso wie Gewürze, wie *tekka* und Schalotenmiso gut verwenden. Alle Zwiebelarten lassen sich besonders gut mit Miso und Reis zubereiten. Besonders wertvoll ist *mochi* ( siehe S.63), zusammen mit Miso-Suppe mit weichem Reis. Rösten Sie das *mochi* und geben Sie es direkt vor dem Servieren in die Suppe. Das ist besonders im Winter empfehlenswert.

**4) Miso im Sommer**

Im Sommer, wenn leichtere Speisen angebracht sind, können Sie delikate Salat-Dressings mit Miso und Zitronensaft, Reisessig oder Apfelessig herstellen. Das schützt Sie vor zu starkem Schwitzen und gibt Ihnen an heißen Tagen etwas Frische.

**5) Gegen Bettnässen**

Für ein Kind, das ins Bett näßt, ist *mochi*-Misosuppe sehr gut. Man sollte dem Kind abends eine leichte Suppe geben.

**6) Für stillende Mütter**

Frauen, die gerade ein Kind bekommen haben, erholen sich besser, wenn sie Suppe mit *mochi* oder *koi-koku* zu sich nehmen. Außerdem unterstützt das die Milchbildung.

**7) Gegen Nikotin-Vergiftungen**

Misosuppe ist gut gegen die Folgen von Nikotin-Vergiftungen oder von zu starkem Rauchen. Früher wurden in Japan die langen Tabakpfeifen häufig in Misosuppe ausgewaschen. Es hieß, daß sie das besonders gut reinige.

**8) Nach zuviel Alkohol**

Am Morgen nach zu großem Alkoholkonsum ist Misosuppe sehr nützlich, um die Lebenskräfte und einen klaren Kopf wiederherzustellen.

**9) Für Verbrennungen**

Wenn Sie sich eine Verbrennung zugezogen haben und gerade keinen Tofu oder Kräuter zur Hand haben, um sie zu behandeln, können Sie Miso als Salbe verwenden.

Die Yin-und Yang-Tabellen auf den folgenden Seiten werden Ihnen helfen die Verfassung Ihrer Familie zu bestimmen. Und sie werden Ihnen zusammen mit diesem Buch helfen, die passenden Speisen und Kochmethoden auszuwählen.

# Beispiele von Yin und Yang

| Allgemein | Yin (▽) Zentrifugalkraft | Yang (△) Zentripedalkraft |
|---|---|---|
| Tendenz | Ausdehnung | Zusammenziehung |
| Funktion | Zerstreuung | Verschmelzung |
| | Auflösung | Aufsaugung |
| | Trennung | Sammlung |
| | Verfall (Zersetzung) | Organisation |
| Schwingung | kürzere Wellen, hohe Frequenz | längere Wellen, niedere Frequenz |
| Richtung | aufsteigend und vertikal | absteigend und horizontal |
| Position | mehr außerhalb und peripher | mehr innerhalb und zentral |
| Gewicht | leichter | schwerer |
| Temperament | kälter | heißer |
| Licht | dunkler | heller |
| Feuchtigkeit | feuchter | trockener |
| Dichte | dünner | dicker |
| Größe | länger | kleiner |
| Gestalt | ausgedehnt und zerbrechlich | zusammengezogen, härter |
| Form | länger | kürzer |
| Struktur | weicher | härter |
| Atomare Partikel | Elektron | Proton |
| Elemente | N, O, K, P, Ca usw. | H, C, Na, As, Mg usw. |
| Umgebung | Schwingung ... Luft ... Wasser ... | Erde |
| Klimatische Auswirkungen | tropisches Klima | kälteres Klima |
| Biologisch | mehr pflanzlich | mehr tierisch |
| Geschlecht | weiblich | männlich |
| Organstruktur | mehr hohl und ausgedehnt | mehr kompakt und fest |
| Nerven | mehr außen, Orthosympathikus | mehr zentral, Parasympathikus |
| Haltung | mehr freundlich, zurückhaltend | aktiver, positiv |
| Arbeit | mehr psychologisch, mental | mehr physisch und sozial |
| Dimension | Raum | Zeit |

## Yin und Yang im Pflanzenreich

| | Yin (▼) Zentrifugal | Yang (▲) Zentripedal |
|---|---|---|
| Umgebung | Wärmer, eher tropisch | Kälter, eher polar |
| Jahreszeit | Wachstum im Frühling und Sommer | Wachstum im Herbst und Winter |
| Boden | Wässrig und lehmig | Trocken und vulkanisch |
| Wachstumsrichtung | Oberirdisch senkrecht, unterirdisch waagerecht | Oberirdisch waagerecht |
| Wachstumsgeschwindigkeit | Schneller | Langsamer |
| Größe | Größer, ausgedehnter | Kleiner, kompakter |
| Höhe | Höher | Niedriger |
| Aufbau | Weicher | Fester |
| Wassergehalt | Saftig, wässrig | Trocken |
| Farbe | Purpur — blau — grün — gelb — braun — orange — rot | |
| Geruch | Stark | Schwach |
| Geschmack | Würzig — sauer — süß — salzig — bitter | |
| Chemische Bestandteile | Mehr K und andere Yin-Elemente | Weniger K |
| Nährstoffe | Fett — Eiweiß — Kohlehydrate — Mineralien | |
| Kochzeit | Kürzer | Länger |

## Was ist Miso? (von Michio Kushi)

Miso ist ein traditionelles, fermentiertes Sojabohnen-Pürée. Es enthält lebende Enzyme, die die Verdauung unterstützen, und es fördert die Ausgewogenheit der Ernährung mit natürlichen Kohlehydraten, essentiellen Säuren, Vitaminen, Mineralien und Proteinen.

Nach der japanischen Mythologie war Miso ein Geschenk der Götter an die Menschen, um ihnen Gesundheit, Langlebigkeit und Glück zu geben. Miso ist im Osten seit Beginn der Zivilisation ein wichtiges Lebensmittel und wird mehr und mehr auch im Westen ein beliebtes Nahrungsmittel.

In zahlreichen traditionellen japanischen Gedichten und Liedern wird Miso besungen. Immer wieder wird dort der hohe Wert dieses Lebensmittels hervorgehoben. Aber welchen Wert hat es aus der ernährungsphysiologischen Sichtweise?

Die Hauptzutat bei der Misoherstellung sind Sojabohnen. Sojabohnen enthalten 34 % Eiweiß, 31 % Kohlehydrate und 18 % Fett. Sie enthalten fast doppelt soviel Eiweiß wie Fleisch oder Fisch und 11mal soviel wie Milch. Außerdem sind Sojabohnen reich an Calcium, Phosphor, Eisen und andereren Mineralien und Lecithin. Sie enthalten in geradezu idealen Mengenverhältnissen die für die menschliche Ernährung essentiellen Aminosäuren.

Seit Tausenden von Jahren wissen die Menschen, daß einige Nahrungsmittel, wenn sie fermentiert sind, in ihrem Nährwert wertvoller sind, als in ihrem Ursprungszustand.

Während im Westen Milch durch Fermentierung zu verschiedenen Produkten, wie Käse oder Joghurt verarbeitet wird, werden in der östlichen Welt Sojabohnen fermentiert, unter anderem zu Miso.

Die Kohlehydrate in Sojabohnen können vom menschlichen Körper nicht so leicht aufgenommen werden, wie die Kohlehydrate anderer Bohnenarten. Aber da die Struktur der Kohlehydrate durch die Fermentierung verändert wird, kann sie der Körper danach ohne Schwierigkeiten verarbeiten.

Einige besonders nützliche gesundheitliche Wirkungen von Miso sind:

- hoher Gehalt an Mineralstoffen
- Miso enthält Linolsäure und Lecithin, die das Cholesterin im Blut lösen und die Adern geschmeidiger machen. So kann Miso zur Vorbeugung von Arteriosklerose oder hohem Blutdruck sehr wertvoll sein.
- es ernährt die Haut und unterstützt die Bildung von Bindegewebe.
- es stärkt die Widerstandskraft, durch den hohen Gehalt an Glucose, der uns Energie gibt.
- es hilft bei der Vorbeugung gegen Allergien und Tuberkulose.
- bei Verstopfung ist Miso sehr hilfreich

Sojabohnen, die ursprünglich nur im Osten angebaut wurden, werden in letzter Zeit zunehmend auch im Westen kultiviert. So sind mittlerweile qualitativ hochwertige Sojabohnen auch hier erhältlich. Ja, mittlerweile werden sogar große Teile der Sojaernte der USA exportiert oder zur Herstellung von anderen Produkten wie Insektiziden benutzt.

Die zahlreichen Lebensmittel, in denen neuerdings Sojabohnen verarbeitet werden, sind allerdings von fragwürdigem Wert, da es sich bei ihnen um sehr stark denaturierte Produkte handelt.

Die Sojabohne ist im Westen heimisch geworden. Aber warum sollten wir nicht nach Osten sehen, um eine Methode der Sojaverarbeitung zu suchen, die sich in Jahrtausenden bewährt hat?

Ich bin froh, daß meine Frau hier ein Kochbuch präsentiert, daß Rezepte für die Herstellung und Verwendung von Miso gibt. Und wir hoffen, daß auch Sie mit Miso vertraut werden, da es dabei helfen kann, dauerhafte Gesundheit zu erwerben.

味噌汁の作り方

Kapitel 1

# Miso in Suppen

Früher, bevor sich auch in Japan das amerikanische Frühstück mit Toast und Eiern durchsetzte, waren japanische Kinder daran gewöhnt, mit dem Duft von Misosuppe aufzuwachen. Sie wurde fast jeden Morgen zubereitet und häufig auch abends. Es hieß, daß sie Stärke und körperliches Wohlbefinden schenke und ein langes Leben ermögliche.

Während die Misosuppe zum Frühstück im allgemeinen recht einfach zubereitet wird, kann sie zum Abendessen auch reichhaltiger sein, zum Beispiel wie eine Consommé (Kraftbrühe). Als Grundlage verwendet man nach Möglichkeit Quellwasser oder stilles Mineralwasser.

Das Gemüse in der Suppe sollte auf der Zunge zergehen, trotzdem sollte man auch die Suppe gut kauen, so wie ein Weinkenner seinen Wein trinkt.

Da Miso lebende Bakterien und Enzyme enthält, die eine wertvolle Verdauungshilfe geben, wird es nicht mitgekocht, weil dadurch die Bakterien zerstört würden. Stattdessen rührt man Miso mit kaltem Wasser an, gibt es in die fertige Suppe und läßt es noch etwas mitziehen. So ist auch der Geschmack der Misosuppe viel besser, wenn sie nicht aufgewärmt wird. Vermeiden Sie überhaupt das Aufwärmen von Speisen und bereiten Sie jede Mahlzeit frisch vor dem Servieren.

Man kann Misosuppen auf verschiedene Arten machen, mit Gemüse, mit Fisch, mit Meeresalgen, mit Hülsenfrüchten und mit Getreide. Einige Rezepte hierzu finden Sie auf den nächsten Seiten. Wenn Sie etwas Erfahrung gesammelt haben, können Sie die Rezepte durch Veränderung der Brühe, der Kochmethode, der Zutaten oder der Art des verwendeten Miso variieren.

## Die verschiedenen Misoarten

Beim Zubereiten einer Suppe kann Miso wie der *übliche Brühwürfel* verwendet werden. Das Miso *allein* gibt der Suppe den Gehalt und den Geschmack. Man braucht zur Zubereitung keine speziellen Techniken oder Zutaten. Man kocht einfach Wasser auf und fügt dann das *angerührte* Miso hinzu. Wenn das Miso natürlich hergestellt wurde, ergibt das allein schon eine erstklassige Suppe.

Beim Einkauf von Miso sollte man daher sehr auf die Qualität achten, denn häufig wird Miso minderer Qualität angeboten. Einige dieser Misos werden nur zwei bis drei Monate fermentiert und mit synthetischen Stoffen versetzt. Diese Miso-Arten wirken natürlich nicht unterstützend auf die Gesundheit, sie schaden ihr, auf lange Sicht gesehen, eher.

Wir verwenden Misos, die mit biologischen, naturbelassenen Zutaten hergestellt wurden und zwischen 6 Monaten und 3 oder mehr Jahren in Holzfässern fermentieren konnten. Die bekanntesten Sorten sind:

— Hatcho- oder Soya-Miso, zu 100 % aus Sojabohnen und Meersalz;
— Mugi- oder Gersten-Miso, aus Sojabohnen, Gerste und Meersalz;
— Aka- oder Reis-Miso, aus Sojabohnen, weißem, polierten Reis und Meersalz;
— Genmai- oder Vollreis-Miso, aus biologischem, braunem Reis, Sojabohnen und Meersalz;
— Soba- oder Buchweizen-Miso, aus Buchweizen, Sojabohnen und Meersalz;
— Natto-Miso, aus Gerste, Sojabohnen, Ingwer, Kombu und Meersalz.

Diese verschiedenen Arten können jede für sich oder jeweils zwei Sorten gemischt verwendet werden. So erhält man eine große Auswahl an Geschmacksvarianten für Suppen und andere Gerichte.

Misosuppen können das ganze Jahr über gegessen werden. Sie lassen sich immer wieder verschieden mit Gemüse und Kräutern — je nach Jahreszeit und persönlichen Wünschen oder gesundheitlichen Erfordernissen — zubereiten. Wer Miso kennengelernt hat, möchte es nicht mehr missen.

## Grundlagen der Zubereitung von Misosuppe

In diesem Buch werden viele Variationen von Suppen beschrieben: Einige sind reichhaltig, einige einfach, manche enthalten nur Gemüse, andere werden auch mit Getreide und bestimmten Spezialitäten zubereitet. In den folgenden Abschnitten möchte ich aber erst einmal verschiedene Zubereitungsmethoden für Misosuppe beschreiben, die Sie nach Ihrem eigenen Geschmack und Empfinden anwenden können. Sollten Sie einige Begriffe nicht verstehen oder kennen, so benutzen Sie bitte das Glossar am Ende des Buches. Dort finden Sie auch weitere Informationen über die verwendeten Zutaten.

### (1) Einfache Misobrühe

Man nimmt pro Person ein bis zwei Tassen Wasser, bringt dieses zum Kochen und läßt es dann auf kleiner Flamme köcheln. Gleichzeitig rührt man ein bis zwei Teelöffel Miso in kaltem Wasser an und gibt es in das heiße Wasser, das nicht mehr kochen soll. Man läßt die Suppe noch etwa 5 Minuten ziehen. Währenddessen bereitet man Petersilie, Schnittlauch, Zwiebeln, Lauch oder andere frische Kräuter als Garnierung zu.

Zur Abwechslung kann man feingeschnittenes Gemüse, je nach Jahreszeit, mitkochen, ohne daß es vorher sautiert (mit Öl gebraten) wurde.

**(2) Die Schichtenmethode**

Bei dieser Art der Suppe verwendet man zwei, drei oder mehr verschiedene Arten von Gemüse. Sie werden alle in der gleichen Größe geschnitten, damit sie zur gleichen Zeit gar werden. Wenn Sie genügend Zeit zum Kochen haben, können die Gemüse in größere Stücke geschnitten werden. Haben Sie wenig Zeit, dann schneiden Sie die Gemüse einfach kleiner, zum Beispiel streichholzlang. Finden Sie immer neue Arten, Gemüse zu schneiden, denn auch die Augen essen mit.

Schichten Sie nun die Gemüse im Topf: die, die mehr Yin sind, am Boden, die, die mehr Yang sind, nach oben. Wenn Sie zum Beispiel Sellerie, Kohl, Zwiebeln und Karotten verwenden, kommt der Sellerie — am meisten Yin — zuunterst in den Topf, dann der Kohl, danach die Zwiebeln und zuoberst die Karotten. Geben Sie soviel Wasser in den Topf, daß die Gemüse fast bedeckt sind. Dann lassen Sie die Gemüse bei geschlossenem Topf leicht kochen, bis sie etwas weich geworden sind. Geben Sie noch soviel heißes Wasser oder Gemüsebrühe dazu, bis die gewünschte Konsistenz erreicht ist. Lassen Sie das Ganze weiterkochen, bis die Gemüse gar sind. (Wenn Sie Wasser hinzufügen, gießen Sie es bitte *sachte* am Rand des Topfes ein; wenn Sie es einfach in die Mitte schütten, könnte das die Schichten zerstören.) Dann geben Sie unter leichtem Rühren das in kaltem Wasser angerührte Miso dazu. Mischen Sie die verschiedenen Gemüseschichten miteinander, bevor Sie servieren.

Wenn Sie bei dieser Kochweise Hülsenfrüchte oder Getreide mitverwenden wollen, geben Sie die gut gewaschenen und verlesenen Hülsenfrüchte oder das Getreide, nachdem sie etwa eine Stunde eingeweicht wurden, oben auf das Gemüse und verfahren Sie genauso wie oben beschrieben. Wenn sich dann während des Kochens die Getreide oder Hülsenfrüchte ausdehnen, geben Sie mehr Wasser dazu. Die ausdehnende Yin-Energie, die während des Kochens aufsteigt, hilft, die Getreide und Hülsenfrüchte weich zu machen. Sie werden überrascht sein, wie schnell das geht.

Bei dieser Kochweise kann auf Wunsch auch etwas Öl verwendet werden. Bevor Sie die Gemüse in den Topf geben, reiben Sie den Topfboden mit Öl ein. Mit oder ohne Öl gibt auch diese Kochweise die Gelegenheit für zahlreiche Variationen.

**(3) Misosuppe mit sautiertem Gemüse**

Das Gemüse für die Suppe kann auch sehr gut sautiert werden. Wir nennen diesen Prozeß *Yangisieren mit Hitze*. Dadurch werden der Geschmack der Gemüse und ihre Wirkung auf den Menschen verändert.

Zum Sautieren geben Sie ganz wenig Öl (etwa einen Teelöffel für ein bis zwei Personen) in den angewärmten Topf. Dann erhitzen Sie den Topf auf mittlere bis starke Hitze und geben das Gemüse hinein. Wenden Sie das Gemüse unter leichtem Rühren, damit es gleichmäßig mit Öl überzogen und gebräunt wird. Dann mit der gewünschten Menge Wasser oder Gemüsebrühe auffüllen und auf kleiner Flamme garen lassen. Diese Kochweise ergibt eine Suppe mit vollerem Geschmack. Sie eignet sich vorzüglich als Grundlage für Eintopfgerichte im Winter.

**(4) Misosuppe mit gekochtem Gemüse**

Bei dieser Kochweise wird jedes der verwendeten Gemüse separat für sich gegart. Dann gibt man sie in einen Topf, fügt die noch notwendige Menge Wasser oder Brühe hinzu, läßt das Ganze noch einmal kurz aufkochen und gibt dann das Miso hinzu. Diese Suppe ist sehr leicht und wunderbar im Geschmack, da jedes Gemüse seinen Charakter behält. Diese Art Misosuppe kann man das ganze Jahr über zubereiten.

**(5) Misosuppe mit ,,tierischen" Einlagen**

Wenn Sie hin und wieder oder aus besonderem Anlaß mal Fisch, Eier oder andere ,,tierische" Nahrungsmittel verwenden wollen, dann kann man sie auch in einer Misosuppe zubereiten. Misosuppe mit Eierstich, mit frischem oder getrocknetem Fisch usw. ist ein köstliches und kraftspendendes Gericht. Die Zubereitungsmethoden kann man variieren, je nachdem, welche Zutaten man nimmt. Einige Beispiele finden Sie im nächsten Kapitel.

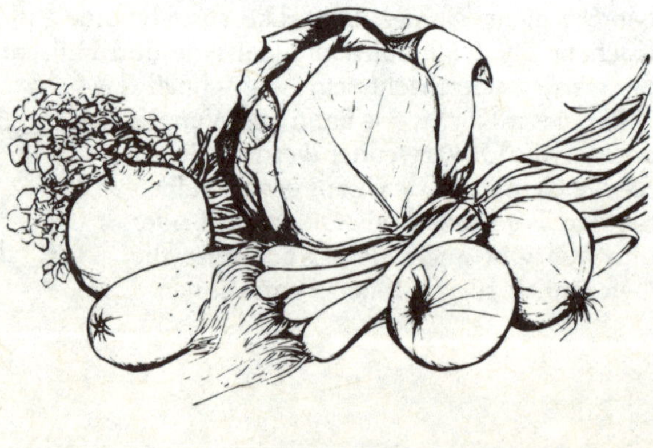

## Suppengrundlagen

Wenn Gemüse sautiert werden, bekommen sie einen volleren Geschmack, und man braucht nicht unbedingt eine Gemüse- oder Kraftbrühe zum Zubereiten einer Suppe. Aber für Brühen im Sommer, wo man weniger Miso verwendet und die Gemüse einfach gekocht werden, empfiehlt sich eine Gemüse- oder Kraftbrühe als Suppengrundlage.

### Kombubrühe

Sie werden sich mit Kombu, der leicht zuzubereitenden Meeresalge schnell anfreunden, da ihr einzigartiger Geschmack viele Gerichte bereichert.

*1 Stück Kombualge (etwa 10 cm)*
*1 l Wasser*

Entfernen Sie den Sand von der Alge, ohne das Meersalz (weißer Belag) abzuwischen, geben Sie sie in das Wasser und erhitzen Sie das Ganze. Nehmen Sie vor dem Aufkochen die Alge heraus. Sie kann später gargekocht und als Gemüsegericht oder Gewürz weiterverwendet werden. Kombu eignet sich weniger als Suppengemüse, da es erst nach langem Kochen weich wird und den Geschmack der Gemüse zu stark in die Suppe zieht. Will man den Kombugeschmack verstärken, weicht man die Alge vor dem Kochen etwa 10 Minuten in kaltem Wasser ein. Das Einweichwasser kann mitverwendet werden.

### Gemüsebrühe

Werfen Sie keine welken Gemüse und Gemüseteile wie Karottenenden, Kohlstrünke, Lauchwurzeln usw. fort. Sie ergeben ausgekocht eine köstliche Gemüsebrühe. Die äußeren Blätter von Maiskolben, Erbsenschalen, Schalen von einigen Kürbisarten, aber auch Wildgemüse sind dafür sehr geeignet. Nicht geeignet sind Pflanzen, die einen bitteren Geschmack erzeugen, wie Spinat oder Mangold.

*Gemüse, kleingeschnitten*
*Wasser*

Die Gemüse werden 5 bis 10 Minuten gekocht und dann aus der fertigen Brühe herausgenommen. Einige Arten kann man nochmals mit etwas Tamari aufkochen und als schmackhafte Beilage zu Getreidegerichten servieren.

## Brühe aus getrocknetem Gemüse

Für Suppen, die einen süßeren Geschmack haben sollen, kann man getrocknetes Gemüse verwenden, z. B. Rettich, Kürbis oder Wurzelgemüse.

*1/2 Tasse getrocknetes Gemüse*
*5 Tassen Wasser*

Die Gemüse werden gewaschen, etwa 5 Minuten eingeweicht und dann gekocht und herausgenommen.

## Brühe aus Trockenpilzen

Eine Consommé aus Pilzen ist außerordentlich delikat. Genießen Sie sie nicht zu oft, da Pilze zu den Yin-Gemüsen zählen. Achten Sie darauf, daß das Menü mit einer entsprechenden Form von Yang ausgeglichen wird.

*2 ganze, getrocknete Pilze mittlerer Größe*
*1 l Wasser*

Weichen Sie die Pilze mindestens 5 Minuten in kaltem Wasser ein und schneiden Sie sie dann in kleine Stücke oder Streifen. Da das Stielende oft sandig und faserig ist, sollte es abgeschnitten werden. Dann die Pilze wieder in das Wasser geben und aufkochen lassen. Nun wird die Hitze reduziert und die Pilze sollten noch etwa 5 Minuten ziehen. Danach die Pilze herausnehmen und für ein anderes Gericht weiterverwenden.

## Getreidebrühe

Das ist eine beliebte Suppengrundlage in einigen japanischen Zen-Klöstern.

*1/2 Tasse trocken-geröstetes Getreide*
*1 l Wasser*

Getreide, wenn nötig, verlesen, gut waschen, dann in einen Topf geben und unter leichtem Rühren bei mittlerer Hitze trocken rösten (ohne Öl), bis es leicht gebräunt ist. Dann Wasser aufgießen und 2-3 Minuten kochen. Danach die Brühe abseihen. Das Getreide kann weiterverwendet werden zum Brotbacken, für Tempura und andere Backgerichte.

## Fisch- oder Geflügelbrühe

Wenn Sie vegetarisch leben, möchten Sie sicher keine tierischen Produkte in Ihrer Küche verwenden, aber für besondere Anlässe läßt sich jede Art Fisch (z. B. Schellfisch oder Fischknochen) für eine Consommé verwenden, ebenso wie Wildgeflügel, Huhn usw. In fernöstlichen Ländern verwendet man z. B. auch getrockneten Thunfisch (Bonito), um eine Brühe herzustellen. Zusammen mit Gemüse und Miso oder Sojasoße (Tamari) ergibt das eine sehr schmackhafte Suppe.

*1 Stück Kombualge (etwa 10 cm) — bei Verwendung von Geflügel oder Fleisch weglassen*
*1 l Wasser*
*1 Löffel Bonito-Flocken*

Zubereitung wie Kombubrühe.

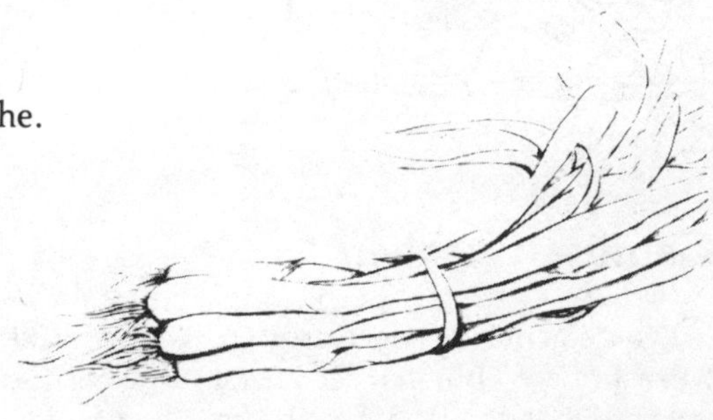

# Meeresgemüse (Algen) in der Misosuppe

Kombu und andere Meeresalgen, wie z. B. Wakame, Dulse, Irisch Moos, Agar Agar (Kanten), Nori, Hiziki (Hijiki), Arame, weißer Fungus, sind vor etlichen Jahrzehnten von unserem Speisezettel verschwunden. Da man aber inzwischen ihren unschätzbaren gesundheitlichen Wert wiederentdeckt hat (sie reinigen den Körper von Giften und chemischen Rückständen aus der Nahrung) und sie außerdem — bei guter Zubereitung — eine delikate Bereicherung für die Speisekarte von Gourmets und Gourmands sind, finden sie immer mehr Freunde.

Wenn Ihnen der Geschmack und das Aroma von Meeresalgen noch nicht vertraut sind, beginnen Sie am besten mit Wakame oder Dulse in der Misosuppe. Noriblätter, die man leicht über der Gasflamme rösten kann, bis sie eine grünliche Färbung annehmen, sind als Gewürz sehr schmackhaft (mit der Schere schneiden). Übrigens: auch kleine Kinder mögen sie als gesunde Leckerei.

Die Misosuppe mit Meeresalgen kann mit dem Ozean verglichen werden, aus dem sich alles Leben, auch das menschliche, entwickelt hat.

Das Miso gibt dem Wasser die salzige Beschaffenheit und nährt uns über den inneren Ozean unseres Blutstromes.

Die Meeresalgen sind als sehr ursprüngliche Lebensform unsere Helfer, diesen Blutstrom ständig zu reinigen. Deshalb sollten wir sie wieder als täglichen Bestandteil in unsere Nahrung aufnehmen, so wie es in vielen Ländern der Welt seit Tausenden von Jahren Brauch ist.

## Gemüse waschen

Wurzelgemüse, wie Karotten, weißer Rettich, Schwarzwurzeln, Klettenwurzeln usw., bürsten Sie zuerst mit einer Gemüsebürste, dann spülen Sie es unter fließendem Wasser ab, um allen Sand und Erde zu entfernen.

Großblättrige Grüngemüse werden Blatt für Blatt gewaschen und sorgfältig von Insekten gesäubert.

Eine meiner Schülerinnen wusch einmal Wasserkresse, indem sie das ganze Bündel unter fließendes kaltes Wasser hielt, ohne sich die einzelnen Blätter anzuschauen. Ich erklärte ihr, die richtige Art, Wasserkresse zu waschen, sei, eine Schale mit Wasser zu füllen, das Bündel Wasserkresse hineinzugeben, das Bündel Stiel für Stiel auseinanderzunehmen und jeden Stiel einzeln abzuspülen. Während ich die Kresse auf diese Weise wusch, schwamm ein kleiner Wurm aus der Kresse in die mit Wasser gefüllte Schale. Deshalb ist es wichtig, alles Gemüse sehr sorgfältig zu waschen und nochmal unter fließendem Wasser abzuspülen, damit es wirklich gründlich gesäubert ist.

Wenn ich zum Beispiel Lauch wasche, halbiere ich ihn der Länge nach, bürste die Erde aus den Wurzeln und wasche dann jede Hälfte einzeln.

Oder nehmen Sie Broccoli. Er hat manchmal kleine grüne Insekten auf den Röschen, die ganz wie ein Teil der Pflanze aussehen.

Also, waschen Sie die Stiele und Köpfe äußerst sorgfältig. Wenn Sie Ihr Gemüse einkaufen, suchen Sie sich jedes Stück selber aus und bevorzugen Sie die, die noch Erde an den Blättern oder Wurzeln haben. Dieses Gemüse ist gesünder als das andere Gemüse, das mehrfach gewaschen wurde und meist auch mit Chemikalien besprüht ist.

Am besten ist einheimisches Gemüse, das ohne Verwendung von Dünge- oder Spritzmitteln gezogen wurde. Ideal ist, das Gemüse aus dem Garten direkt vor dem Kochen zu holen und die Abfälle wieder zu kompostieren.

## Gemüse schneiden

Beginnen Sie mit einem guten Gemüsemesser und einem hölzernen Schneidebrett, das vor jeder Benutzung mit kaltem Wasser abgespült wird.

Gemüseschneiden ist eine Kunst, die man schnell erlernen kann. Entdecken Sie, in wieviel verschiedenen Arten man jedes Gemüse bereiten kann: rund, eckig, diagonal, in Scheiben, gewürfelt, in Streifen, in Stäbchen von Streichholzgröße usw. Wenn sie Zeit haben, können Sie auch kleine Förmchen zum Ausstechen nehmen.

Probieren Sie aber auch einmal das Gemüse so wie es ist — ohne zu schneiden — zu kochen. Form und Größe der Gemüse haben Einfluß auf die Länge der Garzeit. Schneiden Sie also verschiedene Gemüse, die zusammen gekocht werden, immer nach Größe und Dicke gleich, aber in der Form verschieden. Seien Sie kreativ, machen Sie aus jeder Mahlzeit ein Kunstwerk!

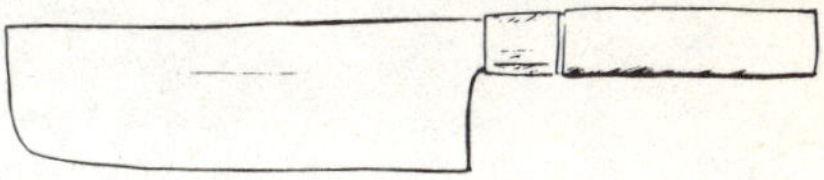

## Garnierung

Garnierungen sind eine Kunst für sich. Sie machen eine Speise nicht nur appetitlicher, sondern erleichtern auch ihre Verdauung. Der richtige „touch" einer Garnierung schafft erst das vollendete Gleichgewicht eines Gerichtes.

Zum Garnieren eignen sich Schnittlauch, Petersilie, Vierecke oder Streifen von gerösteten Nori-Algen, ganze oder gehackte Blätter der Wasserkresse, geriebene Zitronen- oder Orangenschale. Hauchdünne Karottenscheiben in Form eines Sterns oder einer Blume sehen sehr hübsch aus. Dunkelgrüne Nori-Streifen wirken gut in einer Suppe mit weissem Gemüse oder Tofu. Gebrauchen Sie Ihre Phantasie!

味噌汁の実

Kapitel 2

# Rezepte für Misosuppen

*Ein Leben in Harmonie mit der Natur*
*in Liebe zu Wahrheit und Tugend*
*klärt Augen und Verstand,*
*ihr Wesen zu erkennen.*
*Schritt für Schritt erfahren wir*
*Einfachheit und Sinn des Immerwährenden*
*in der Natur.*
*So wird uns die Welt ein offenes Buch*
*und jede ihrer Formen ein Merkmal*
*ihres innewohnenden Lebens*
*und ihres tiefen Ursprungs.*

Ralph Waldo Emerson

Alle folgenden Rezepte sind für sechs Portionen berechnet, wenn nichts anderes angegeben ist. Man kann die hier beschriebenen Suppen je nach Wunsch mit oder ohne Öl zubereiten.

Zum Sautieren der Suppengemüse empfehle ich dunkles Sesamöl. Es hat ein sehr starkes, angenehmes Aroma, deshalb nehme ich gewöhnlich nur ganz wenig und pinsele damit die Kasserolle aus.

Verwenden Sie zum Kochen am besten Töpfe aus Gußeisen, Edelstahl oder Keramik. Vermeiden Sie auf jeden Fall Töpfe aus Aluminium.

# Einfache Misosuppe

## Zwiebel-Wakame-Misosuppe

Diese Suppe zählt bei uns zu den beliebtesten Suppen. Sie ist so leicht zuzubereiten, daß viele unserer Freunde sie oft machen.

*30 g Wakame (trocken)*
*1 Tasse feingeschnittene Zwiebeln*
*1 l Brühe oder Wasser*
*1/2 Tasse angerührtes Miso*
*Öl zum Sautieren*

Wakame in kaltes Wasser legen, bis sie weich sind. Dann in Stücke schneiden (ca. 2 cm). Das Einweichwasser in die Brühe geben. Wenn die Brühe schon recht salzig ist, verwenden Sie das Einweichwasser später zum Zubereiten von Reis oder Gemüse. Sautieren Sie die Zwiebeln, bis sie die gewünschte Bräune haben. Geben Sie die Wakame-Algen und soviel Brühe dazu, bis das Gemüse bedeckt ist. Kurz aufkochen, dann auf kleiner Flamme garen, bis das Gemüse weich ist. Gießen Sie den Rest Brühe dazu und kochen Sie alles noch einmal kurz auf. Reduzieren Sie wieder die Hitze und rühren Sie nun das Miso in etwas Wasser oder Brühe in einer Schale oder einem Suribachi (japanischer Mörser) an, bis es aufgelöst ist. Geben Sie es in die Suppe und lassen Sie es etwa 5 Minuten ziehen. Vor dem Servieren mit Kräutern garnieren.

## Gebundene Zwiebel-Misosuppe

Die ganzen Zwiebeln in dieser Suppe öffnen sich wie eine Blüte und werden so zart, daß sie auf der Zunge zergehen.

*6 ganze, mittelgroße Zwiebeln*
*3 Teelöffel Zwiebeln, in Würfel geschnitten*
*1 l Brühe oder Wasser*
*3 Teelöffel frisch gemahlenes Vollkornweizenmehl*
*1/2 Tasse Miso*
*1 Teelöffel Petersilie, gehackt*
*Öl zum Sautieren*

Schneiden Sie die Zwiebeln drei- bis viermal über Kreuz ein, etwa bis zur Mitte nach unten. Sautieren Sie die in Würfel geschnittenen Zwiebeln. Legen Sie die ganzen Zwiebeln mit der geschnittenen Seite nach unten auf die sautierten Zwiebeln. Bis auf eine Tasse die Brühe über die Zwiebeln gießen und diese bei mittlerer Hitze gar kochen, aber nicht so weich, daß sie auseinanderfallen. Währenddessen das Mehl mit einem Teelöffel Öl bräunen, abkühlen lassen, dann mit der übrigen Brühe anrühren und unter leichtem Rühren in die Suppe geben. Vorsicht, daß die Zwiebeln nicht auseinanderfallen.

Rühren Sie nun das Miso in etwas Wasser oder Brühe an. In die Suppe geben und alles noch einige Minuten ziehen lassen. Vor dem Anrichten mit Kräutern garnieren. (Wenn Sie für dieses Rezept Kombu-Brühe verwenden, lassen Sie das Öl und das Mehl weg.)

## Rettich-Misosuppe

In Japan ist weißer Rettich ein beliebtes Gemüse für die Misosuppe. Da er sich gut lagern läßt, wird er häufig im Herbst und im Winter in der Misosuppe genossen. Der Geschmack des gekochten Rettichs ergänzt sich sehr gut mit dem des Miso. Beim Kochen wird der Rettich ganz zart, ohne seine Form zu verlieren.

*1 Tasse Rettich, in Scheiben geschnitten*
*1 l Wasser oder Brühe*
*1/4 Tasse Miso*
*1 Blatt geröstete Nori-Alge*
*Öl zum Sautieren*

Den Rettich sautieren, dann Wasser oder Brühe aufgießen, bis das Gemüse bedeckt ist. Aufkochen und den Rest Brühe dazugeben und auf mittlerer oder kleiner Flamme kochen, bis der Rettich gar ist. Miso mit etwas Wasser oder Brühe anrühren und in die Suppe geben. 5 Minuten ziehen lassen. Inzwischen die Nori über offener Flamme rösten, bis sich die Farbe von schwarz in grün ändert. In kleine Stücke oder Streifen schneiden und zum Garnieren verwenden. Nori ist, wie alle anderen Algen, reich an Mineralien und Spurenelementen.

## Misosuppe mit Chinakohl und Klößchen

Klößchen machen aus jeder Suppe eine Spezialität, besonders für Kinder. Misosuppe mit Klößchen ist fast eine Mahlzeit für sich, so sehr sättigt sie.

*1 Tasse süßes Reismehl*
*1/4 Tasse kochendes Wasser*
*2 Tassen feingeschnittener Chinakohl*
*1 l Wasser oder Brühe*
*1/4 Tasse Miso*
*Öl zum Sautieren*

Das Mehl mit heißem Wasser in einer Schale mischen und etwa 5 Minuten gut durchkneten. Aus der Masse Klößchen formen (etwa 1 cm dick) und auf die Seite stellen.

Den Chinakohl sautieren, mit der Brühe aufgießen und zum Kochen bringen. Den Topf zudecken und bei kleinster Flamme garen lassen. Die restliche Brühe dazugeben, aufkochen und die Klößchen hineingeben. Sie sind fertig, wenn sie an die Oberfläche steigen. (Man kann die Klößchen auch separat kochen und zugeben.)

Miso mit etwas Wasser oder Brühe anrühren, in die Suppe geben und ca. 5 Minuten ziehen lassen. Mit Kräutern garnieren.

## Sellerie-Misosuppe

Sellerie, für viele *das* Suppengemüse schlechthin, paßt sehr gut zu Miso.

*1/2 Tasse Sellerie, in Stücke oder Streifen geschnitten*
*1/2 Tasse Zwiebeln, in dünne Scheiben geschnitten*
*1 l Brühe oder Wasser*
*1/4 Tasse Miso*
*Öl zum Sautieren*
*1 Blatt Nori-Alge, geröstet*

Sautieren Sie Sellerie und Zwiebeln. Gemüsebrühe zugießen, bis die Gemüse bedeckt sind, dann das Ganze aufkochen. Geben Sie die restliche Brühe dazu und lassen Sie die Gemüse bei geschlossenem Topf fertig garen. Miso in etwas Wasser oder Brühe anrühren, in die Suppe geben und einige Minuten ziehen lassen. Vor dem Anrichten mit Nori-Stückchen oder -Streifen garnieren.

## Zucchini-Misosuppe

*2 Tassen Zucchini, in kleine Stücke oder Streifen geschnitten*
*1/2 Tasse Zwiebeln, in dünne Streifen geschnitten*
*1 l Wasser*
*1/4 Tasse Miso*
*Öl zum Sautieren*
*1 Karotte, in dünne Scheiben geschnitten (in Blüten- oder Sternform)*

Sautieren Sie erst die Zwiebeln, dann die Zucchini. Danach geben Sie die Brühe dazu. Nach dem Aufkochen die Flamme reduzieren und etwa 3 Minuten ohne Deckel köcheln lassen. Dann bei geschlossenem Topf fertig garen lassen.

Miso mit etwas Wasser oder Brühe anrühren, dazugeben und etwa 5 Minuten ziehen lassen. Vor dem Kochen die Karottenscheiben dazugeben.

## Blumenkohl-Misosuppe

Dampfende Misosuppe mit Blumenkohlröschen ist ein einfaches, aber sehr attraktives Gericht.

*1 Tasse Blumenkohlröschen*
*1/2 Tasse Zwiebeln, in Würfel geschnitten*
*1 l Brühe oder Wasser*
*1/4 Tasse Miso*
*Öl zum Sautieren*
*1 Blatt Nori, geröstet*

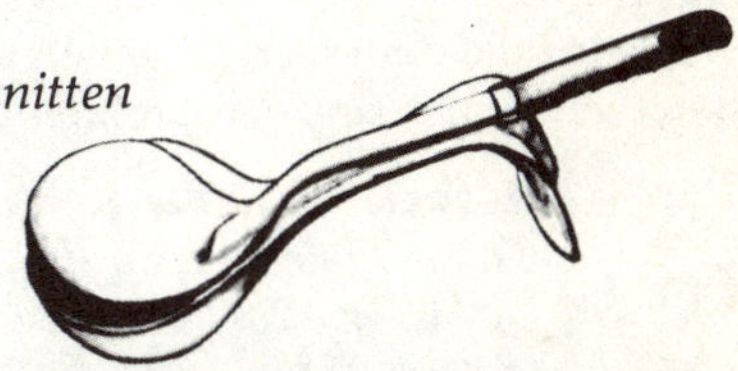

Zwiebeln glasig braten, Blumenkohl und etwas Brühe dazugeben, auf kleiner Flamme gar kochen. Miso mit etwas Wasser oder Brühe anrühren, zur Suppe geben und etwas ziehen lassen. Mit Nori und Schnittlauch garnieren.

## Sesam-Misosuppe mit Broccoli

Geröstete Sesamsamen geben dieser Suppe einen so einzigartigen, vollen Geschmack, daß es oft besser ist, etwas mehr davon zu bereiten.

*2 Tassen Broccoli, Blätter und Stengel kleingeschnitten*
*1 l Wasser*
*1/2 Tasse Sesam, geröstet*
*1/4 Tasse Miso*
*Öl zum Sautieren*

Broccoliröschen vom Stiel trennen. Stiel in kleine Stücke schneiden, Gemüse mit Wasser oder Brühe in einem Topf zum Kochen bringen, die Brühe, bis auf eine halbe Tasse, nachgießen, wieder aufkochen und bei geschlossenem Topf auf kleiner Flamme garen lassen.

Damit die Broccoliröschen ihre grüne Farbe behalten, werden sie mit dem restlichen Wasser in einem separaten, offenen Topf gekocht, bis sie leuchtend grün sind. Dann wird das Kochwasser mit in die Suppe gegoßen und die Broccoliröschen werden beiseite gestellt.

Waschen Sie inzwischen den Sesamsamen gründlich und rösten Sie ihn — ohne Öl — bei mittlerer Hitze leicht braun. Geben Sie ihn in eine Schale oder einen Suribachi (japanischer Mörser). Zerreiben Sie nun gründlich den Sesam, rühren Sie das Miso und etwas Brühe darunter und geben Sie es in die Suppe. Alles einige Minuten ziehen lassen und die Suppe mit einigen Broccoliröschen garniert servieren.

## Klettenwurzel-Misosuppe mit Dulse

Wenn Sie Klettenwurzeln nicht auf dem Markt bekommen, suchen Sie sich die wilden Arten beim Spaziergang. Beim Ausgraben werden Sie merken, wie stark dieses Gemüse ist, denn es wächst tief in die Erde hinein. Da Klettenwurzeln, die dem Gericht einen unvergleichlichen erdigen Geschmack verleihen, sehr yang sind, empfehlen wir, sie nur in kleinen Mengen zu genießen.

*1/4 Tasse geschälte Klettenwurzeln*
*1 Tasse Zwiebeln, in dünne Scheiben geschnitten*
*1 l Wasser oder Brühe*
*1/4 Tasse Dulse-Algen*
*1/4 Tasse Miso*
*Öl zum Sautieren*
*1 Schalotte*

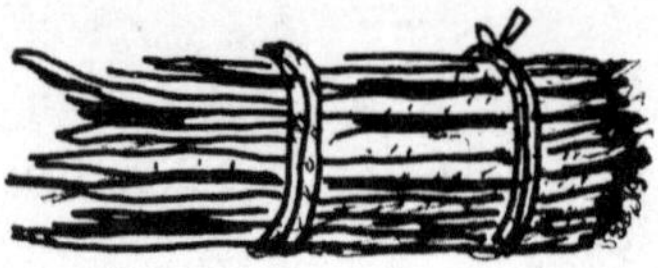

Sautieren Sie die Zwiebeln, dann die Klettenwurzeln. Gießen sie soviel Brühe auf, daß das Gemüse bedeckt ist. Nach dem Aufkochen auf kleine Flamme zurückdrehen und weitergaren, bis die Gemüse weich sind. Reinigen Sie die Dulse-Algen sorgfältig, eventuell leicht abspülen, und geben Sie sie in die Suppe. Wenn die Algen gar sind, Miso mit etwas Wasser oder Brühe anrühren, in die Suppe geben und noch einige Minuten ziehen lassen. Mit Schalotten oder Kräutern garnieren.

## Kürbis-Misosuppe

Für dieses Rezept eignen sich alle bekannten Kürbisarten.

*2 Tassen Kürbis, in Würfel geschnitten*
*1 l Wasser oder Brühe*
*1/4 Tasse Miso*
*Öl zum Sautieren*
*Petersilie zum Garnieren*

Den Kürbis waschen und in Würfel schneiden. Den Kürbis etwa 10 Minuten bei mittlerer Hitze sautieren, die Brühe dazugeben und bei kleiner Flamme den Kürbis garkochen. Miso in etwas Wasser oder Brühe anrühren, in die Suppe geben und etwa 5 Minuten mitziehen lassen. Mit Petersilie garnieren und servieren.

## Misosuppe mit grünen Bohnen

*2 Tassen grüne Bohnen, geschnitten (ca. 2 cm lang)*
*1/2 Tasse Zwiebeln, in dünne Scheiben geschnitten*
*1 Tasse Weiß- oder Spitzkohl, in kleine Quadrate geschnitten*
*1 l Wasser oder Brühe*
*1/4 Tasse Miso*
*Öl zum Sautieren*

Sautieren Sie zuerst die Zwiebeln, dann die Bohnen und den Kohl. Die Brühe aufgießen, bis das Gemüse bedeckt ist, dann zum Kochen bringen. Gießen Sie den Rest Brühe dazu und lassen Sie alles noch etwa 15 Minuten auf kleiner Flamme garen. Inzwischen Miso mit Wasser oder Brühe anrühren, in die Suppe geben und mitziehen lassen. Erinnern Sie sich: Miso sollte in der Regel nicht gekocht werden, weil zuviel Hitze die wertvollen Enzyme zerstört.

Zum Variieren des Rezeptes kann man 2 Teelöffel Tahin (Sesamcreme) an die Suppe geben und die letzten 10 Minuten mitkochen lassen.

Zur Garnierung geröstete Brotwürfel und Petersilie vor dem Servieren dazugeben.

## Ken Chin-Misosuppe

Wenn Sie vom Gemüseschneiden einiges übrig haben (Wurzeln, Spitzen, Köpfe usw.) und nicht wissen, was Sie daraus machen können, dann probieren Sie dieses Rezept, das aus dem Ken Chin-Zen-Kloster in China stammt.

*1/4 Tasse geschälte Klettenwurzeln*
*1/4 Tasse weißen Rettich, in Würfel oder Scheiben geschnitten*
*1/4 Tasse grüne Bohnen, in Stücke geschnitten*
*1 Tasse Karotten, in Scheiben geschnitten*
*1 l Wasser oder Brühe*
*1/4 Tasse Miso*

Die Gemüse werden der Reihe nach einzeln sautiert, dann in einen Topf gegeben. Wasser oder Brühe aufgießen, bis das Gemüse bedeckt ist. Alles zum Kochen bringen. Restliche Brühe dazugeben, wieder aufkochen und dann auf kleiner Flamme garen, bis die Gemüse weich sind. Miso in etwas Wasser oder Brühe anrühren und in die Suppe geben. Einige Minuten mitziehen lassen. Garnierung nach Wunsch.

## Nudel-Misosuppe

Nudeln haben einen leichten, angenehmen Geschmack und sind dabei sehr sättigend. In Suppen nehmen sie oft den Geschmack der Suppe an, wodurch sie noch köstlicher werden.

Für dieses Rezept können Sie Vollkornnudeln aller Art verwenden.

*1/4 Tasse getrocknete Pilze (versuchen Sie unbedingt auch mal Shiitake-Pilze)*
*1/2 Tasse Sellerie, kleingewürfelt*
*1 l Wasser oder Brühe*
*1/2 Pfund Nudeln, gekocht*
*1/4 Tasse Schalotten, in 2-cm-Stückchen geschnitten*
*1/4 Tasse Miso*

Die Pilze etwa eine halbe Stunde einweichen, dann in kleine Stücke oder Streifen schneiden. Sellerie und Pilze nacheinander sautieren, Einweichwasser und Brühe dazugeben, kurz aufkochen und auf kleiner Flamme garen. Dann der Reihe nach die gekochten Nudeln, die Schalotten und das mit Wasser angerührte Miso zugeben. 5 Minuten ziehen lassen, dann ist die Suppe fertig.

## Misosuppe mit Spiralnudeln

*1/2 Tasse Zwiebeln*
*1/2 Tasse Karotten*
*1/2 Tasse Sellerie oder Kohl*
*1/2 Tasse Vollkorn-Spiralnudeln, gekocht*
*Kräuter zum Garnieren*

Bereiten Sie die Suppe ebenso zu, wie beim vorigen Rezept. Probieren Sie auch einmal selbstgemachte Nudeln dazu.

## Misosuppe mit grünen Erbsen

Frische Erbsen sehen wunderbar in einer Suppe aus, wenn ihre leuchtende grüne Farbe erhalten bleibt. Grüne Erbsen sind von der Familie der Hülsenfrüchte am meisten Yin und werden deshalb am besten mit einem Yang-Gemüse, z. B. Karotten, kombiniert.

*1/2 Tasse Zwiebeln, gehackt*
*1/2 Tasse Karotten, geschnitten*
*1 l Wasser oder Brühe*
*1/2 Tasse grüne Erbsen*
*1 Tasse kochendes Wasser*
*1/4 Tasse Miso*
*Öl zum Sautieren*

Zuerst die Zwiebeln glasig braten, dann die Karotten zugeben und weiterschmoren. Nach einigen Minuten Wasser oder Brühe dazugeben und aufkochen. Dann auf kleiner Flamme weitergaren, bis das Gemüse weich ist.

Erbsen in kochendem Wasser zwei bis drei Minuten kochen (blanchieren) und in die Suppe geben. Miso mit Wasser oder Brühe anrühren und mit dem Erbsenkochwasser in die Suppe geben. Einige Minuten ziehen lassen und servieren.

# Getreide-Misosuppe

Getreidesuppen sind beliebte Energiespender, besonders an kalten Tagen und in den Wintermonaten. Sie eignen sich gut zum Frühstück oder Mittagessen als ein wohlschmeckendes Eintopfgericht.

## Hirsesuppe

*1/2 Tasse Hirse*
*1 Tasse Zwiebeln, geschnitten*
*1 Tasse Kürbis*
*1/2 Tasse Sellerie*
*1 l Wasser oder Brühe*
*1/4 Tasse Miso*
*1 Blatt Nori-Alge*

Die Hirse gut waschen und verlesen, dann in einer Pfanne ohne Öl rösten. Den Suppentopf mit Öl auspinseln und das Gemüse schichtweise hineinlegen. Zuerst den Sellerie, dann die Zwiebeln, dann den Kürbis und obenauf das Getreide. Einen Teil der Brühe aufgießen und bei mittlerer Hitze kochen, nicht umrühren. Wenn sich die Hirse ausdehnt, nach und nach den Rest der Brühe dazugeben. Wenn das Getreide weich ist, die Suppe kurz aufkochen und auf kleiner Flamme weiter ziehen lassen, während das mit Wasser angerührte Miso dazugegeben wird. Suppe garnieren und servieren.

Dieses Rezept läßt sich mit verschiedenen Getreidearten variieren. Wechseln Sie ab zwischen folgenden Getreidearten:

*Reis*
*Buchweizen*
*Gerste*
*Weizengrütze (Grieß)*
*Grünkern*
*Maisgrieß (Polenta)*
*Bulgur*

Ebenso können Sie auch die verwendeten Gemüsesorten variieren.

## Misosuppe mit Hülsenfrüchten

Anstelle von Getreide nimmt man bei diesem Rezept Hülsenfrüchte wie Linsen, Kidney-Bohnen, Kichererbsen, grüne oder gelbe Erbsen. Zubereitung wie bei Getreide-Misosuppe. Wenn Sie allerdings sehr harte Bohnen verwenden, ist es ratsam, sie vorher einzuweichen. Ein Stück Kombu-Alge mitgekocht, hilft, die Hülsenfrüchte weich zu machen.

## Misosuppe ohne Öl

Wenn Sie ein Essen zubereiten mit verschiedenen Gerichten, die mit Öl gekocht werden, ist es besser, das Gemüse für die Misosuppe nicht zu sautieren, sondern einfach in Wasser zu kochen. Die Suppe wird dadurch leichter, was besonders im Sommer an heißen Tagen angebracht ist. Verwenden Sie mehrere Gemüse für eine Suppe, so werden sie in den Topf schichtweise von Yin nach Yang, von unten nach oben gegeben. Gießen Sie mit Wasser oder Brühe auf, bis die Gemüse bedeckt sind, und kochen Sie diese wie in den vorstehenden Rezepten gar. Wenn Sie leichte Speisen lieben, werden Sie diese Kochweise sehr zu schätzen wissen und das Aroma und die feine Süße der Gemüse genießen.

### Misosuppe mit Wasserkresse

Waschen Sie sorgfältig ein Bündel Wasserkresse und kochen Sie es zwei bis drei Minuten in wenig Wasser. Schneiden Sie die Kresse in kleine Stückchen und stellen Sie sie auf die Seite. Kochen Sie eine der vorher beschriebenen Kraftbrühen (Kombu usw.) kurz auf, geben Sie 1/4 Tasse angerührtes Miso hinein und lassen Sie die Suppe 5 Minuten ziehen. Dann geben Sie die Wasserkresse dazu und die Suppe ist fertig.

Zur Abwechslung können Sie auch mal etwas Dulse oder Nori dazugeben. Anstelle der Wasserkresse kann man auch andere grüne Gemüse, je nach Saison, verwenden. Einige grüne Gemüse haben einen strengen, bitteren Geschmack und einen harten Biß. Sie passen deshalb nicht gut zu anderen Gemüsen. Diese sollten deshalb allein in Wasser gekocht werden. Ist die entstandene Brühe nicht zu streng im Geschmack, kann sie nach Belieben weiter verwendet werden. Einige dieser speziellen Gemüse z. B. Mangold, große Schalotten, Blätter vom weißen Rettich und von Karotten, Spinat und viele Wildkräuter und -gemüse ergeben köstliche Suppen.

## Misosuppe mit verschiedenen Zutaten

### Misosuppe mit Seitan

Mit Seitan läßt sich schnell und leicht eine köstliche Misosuppe zubereiten. Seitan ist eine erstklassige Eiweißquelle, insbesondere auch gut für jemanden, der sich auf vegetarische Kost umstellen will. Das Seitanstärke-Wasser ist verdauungsfördernd und gut für stillende Mütter zur Milchbildung. Die Rezepte auf Seite 58 verraten Ihnen, wie Seitan und Seitanstärke-Wasser gemacht werden.

*1 Tasse Chinakohl, feingeschnitten*
*1/2 Tasse Karotten*
*1/2 Tasse frische Pilze, in Scheiben geschnitten*
*1/4 Tasse geschälte Klettenwurzeln, geschnitten*
*1 Tasse Zwiebeln, geschnitten*
*1 Tasse Seitan, in Würfel oder Streifen geschnitten*
*stilles Mineralwasser*
*1 Tasse Seitanstärke-Wasser zum Andicken der Suppe (soll die Suppe stärker gebunden sein, das Stärkewasser sich setzen lassen und den cremigen Satz verwenden)*
*1/4 Tasse Miso*
*1 Blatt Nori, geröstet*

Das Gemüse waschen und schneiden (je nach vorhandener Kochzeit kleiner oder größer schneiden), dann in Schichten in den Topf geben. Wieder in der Reihenfolge zu Yin und Yang: an den Boden die Pilze, darauf den Chinakohl, die Zwiebeln, die Karotten, die Klettenwurzeln und zum Schluß den Seitan. Mit Quell- oder stillem Mineralwasser aufgießen, bis die Gemüse bedeckt sind. Kurz aufkochen, dann auf kleiner Flamme garen, bis die Gemüse weich sind. Den Rest Wasser oder Brühe aufgießen, noch einmal kurz aufkochen und ziehen lassen. Dabei nach und nach das Seitanstärke-Wasser zugießen, ganz leicht umrühren. Etwa 5 bis 10 Minuten bei kleiner Flamme weiterkochen und dabei leicht umrühren. Das Seitanstärke-Wasser macht die Suppe zuerst etwas milchig, wird aber nach einiger Zeit transparent. Nehmen Sie nun etwas von der Suppe und rühren Sie darin das Miso an. Geben Sie es in die Suppe und lassen Sie alles noch einige Minuten ziehen.

Das Seitanstärke-Wasser kann auch weggelassen werden, aber die Suppe gibt mit ihm mehr Energie und Wärme, besonders im Winter. Garnieren mit Nori und/oder Petersilie.

## Grundrezept für hausgemachten Seitan

Seitan ist das Protein oder das Gluten des Weizens.

Bei der Herstellung von Seitan trennt man das Eiweiß (Gluten) von der Stärke und der Kleie des Weizens. Wir machen dazu einen Teig wie für Brot mit 10 Tassen frischgemahlenem Weizenvollkornmehl und Wasser, den wir etwa 1/2 Stunde kneten. Dann lassen wir den Teig eine Stunde ruhen. Anschließend schneiden wir den Teig in Stücke, Scheiben, oder lassen ihn ganz, und waschen ihn in einer Wanne mit kaltem Wasser, Stück für Stück durchknetend. Das Seitan oder Klebereiweiß, das mehr Yin ist, steigt auf und klumpt sich zusammen, während Stärke und Kleie, die mehr Yang sind, sich im Wasser auflösen bzw. auf den Boden sinken. Wenn die Glutenstückchen gut durchgeknetet sind, spült man sie gründlich unter fließendem kalten Wasser und kocht sie kurz auf (ca. 10 Minuten), am besten in einem Dampfdrucktopf. Je nachdem, wie Sie den Seitan weiterverarbeiten wollen, formen Sie ihn vor dem ersten Kochen. Da Weizengluten kaum Eigengeschmack hat, kocht man ihn ein zweites Mal in einer frischen Brühe aus Wasser, 1/2 bis 1 Tasse Tamari (japanische Sojasoße), Kombu-Alge (etwa 2 Streifen von 15 cm Länge auf zwei bis drei Liter Wasser) und etwas frischem, geriebenem Ingwer (ein bis zwei Teelöffel). Natürlich kann man auch noch andere Gemüse mitkochen und so verschiedene Geschmacksvarianten herstellen.

Das Seitan wird im Drucktopf 45 bis 60 Minuten gekocht, in einem normalen Topf 1/2 bis 1 Stunde länger. Nach dem Kochen die Stücke herausnehmen und abtropfen. Das Gluten kann jetzt, so wie es ist, genossen oder weiterverarbeitet werden. Man kann es kochen, braten, backen und fritieren. Es paßt zu Suppen, zum Getreide und zum Gemüse. Wenn Sie sehr salziges

Seitan haben, brauchen Sie kein Salz oder Tamari mehr in das Gericht geben. Wenn Sie es in die Misosuppe geben wollen, nehmen Sie nur ganz wenig Miso, um die Suppe nicht zu versalzen.

Das übriggebliebene Stärkewasser ist vielseitig verwendbar. Lassen Sie es 10 Minuten oder länger stehen, die milchige, schwere Stärke setzt sich am Boden ab und das Wasser darüber wird klar. Es ist sehr gut für die Schönheitspflege, da es die Haut sehr zart macht. Die cremige Stärke können Sie zum Andicken von Suppen, Soßen und Puddings oder zum Backen verwenden.

In Japan kennt man noch eine andere Zubereitung des Seitan, genannt Fu. Es ist dünner, gebackener Seitan, in rechteckiger oder in runder Form, ähnlich wie ein Rad. Nach dem Auswaschen wird das Gluten nicht gekocht, sondern gebacken. Es wird dadurch ganz trocken und man kann es lange aufheben. Von alters her gibt man Fu Babies und kranken Menschen, aber auch Gesunde erfreuen sich an seinem Genuß.

Man kann Fu auf folgende Arten zubereiten: Man weicht es ein und kocht es dann in der Suppe oder mit Gemüse. Es ist sehr schnell gar — in 5 Minuten.

Eine andere Zubereitungsart ist, Fu einzuweichen, in einen Backteig zu geben oder zu panieren und es zu frittieren. Das ist sehr delikat.

## Misosuppe mit Shiitake-Pilzen und Dulse-Algen

Eine wunderbar leichte Suppe für Frühling und Sommer.

*1/2 Tasse Shiitake-Pilze*
*1/2 bis 1 Pfund Broccoli*
*1 l Wasser*
*1/4 Tasse Dulse*
*1/4 Tasse Miso*

Shiitake-Pilze in Wasser einweichen (ca. 1/2 Stunde), dann die Stiele herausschneiden und halbieren. Einweichwasser und Stiele in der Suppe mitkochen. (Wenn die Stiele trotz Kochen hart bleiben, wegwerfen.) Broccoli in ca. 2 cm dicke Stücke schneiden. Stellen Sie die Röschen in einer Schale auf die Seite, da sie erst gegen Ende der Kochzeit in die Suppe gegeben werden, damit sie ihre leuchtende Farbe und Frische behalten.

Geben Sie die Pilze und die Broccolistücke in den Topf, gießen Sie mit Wasser auf, bis die Gemüse bedeckt sind. Kurz aufkochen, dann bei kleiner Flamme etwa 30 Minuten garen.

Jetzt die Broccoliröschen und die Dulse dazugeben und leicht mitkochen lassen. Miso mit etwas Wasser anrühren und noch einige Minuten mitziehen lassen. Mit Petersilie oder anderen Kräutern garnieren.

## Mizore Suppe

Schneeregen im Winter wird in Japan Mizore genannt. Der Fisch in dieser yangigen Suppe wird durch eine große Menge leicht gekochten, geriebenen weißen Rettich ausgeglichen. Der Rettich ist Yin und hilft dem Körper, tierisches Eiweiß zu verdauen und auszuscheiden.

*1/2 Tasse Bonitobrühe (Brühe aus Trockenfisch)*
*1 l Gemüsebrühe oder Wasser*
*2 Tassen geriebener weißer Rettich*
*1/2 Tasse kleingeschnittener Fisch (mit weißem Fleisch)*
*1/4 Tasse Miso*
*Kräuter zum Garnieren*

Gemüse- und Fischbrühe kurz aufkochen, Fisch und Rettich dazugeben, zwei bis drei Minuten bei offenem Topf kochen, bis der Rettichgeruch verschwunden ist. Bei kleiner Flamme weiter garen lassen. Miso in etwas Wasser oder Brühe anrühren, in die Suppe geben und etwa 5 Minuten mitziehen lassen. Vor dem Servieren mit Kräutern garnieren.

## Misosuppe mit Fischklößchen

*1 Tasse weißer Rettich, kleingeschnitten*
*1 l Wasser oder Brühe*
*1 Tasse Fischfilet (weißes Fleisch), kleingeschnitten*
*1 Prise unraffiniertes Meersalz*
*1/4 Tasse frischgemahlenes Vollkornweizenmehl*
*1 Messerspitze geriebener, frischer Ingwer*
*1/4 Tasse Miso*
*1 feingeschnittene Schalotte*

Rettich und Brühe in den Topf geben und kurz aufkochen, auf kleiner Flamme weitergaren.

Fisch in einer Suribachi zerreiben, mit Mehl, Ingwer und Salz mischen und kleine Klößchen (etwa 1 cm dick) formen.

Klößchen in die kochende Suppe geben. Wenn sie an die Oberfläche aufsteigen, Topf vom Herd nehmen. Miso mit etwas Wasser oder Brühe anrühren und einige Minuten mitziehen lassen. Garnieren.

## Austern-Misosuppe

*1/2 Tasse frische Austern*
*1 l Brühe oder Wasser*
*1/4 Tasse Miso*
*1 Teelöffel geriebene Zitronenschale*
*1 feingeschnittene Schalotte (oder Schnittlauch)*

Austern aus der Schale nehmen, gut waschen und in die kochende Brühe geben. Etwa 5 Minuten kochen, dann die Hitze reduzieren. Miso in etwas Wasser oder Brühe anrühren, in die Suppe geben und einige Minuten ziehen lassen. Mit Schalotte und Zitronenschale garnieren.

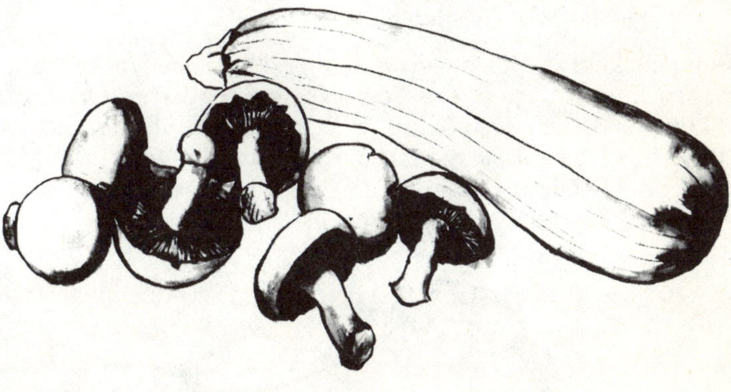

## Misosuppe mit Eistich

*1 frisches Ei*
*1 l Wasser oder Brühe*
*1/4 Tasse Miso*
*1 Blatt geröstete Nori-Alge*
*1 feingeschnittene Schalotte (oder Lauch)*

Gemüsebrühe kurz aufkochen, das geschlagene Ei unter ständigem Rühren langsam hineingeben. Das Ei gerinnt zu wunderschönen kleinen Blumen, die an die Oberfläche der Suppe aufsteigen. Nach zwei bis drei Minuten die Flamme klein stellen, Miso mit etwas Brühe oder Wasser anrühren, in die Suppe geben und mitziehen lassen. Mit Nori-Streifen, Schalotte und Petersilie garnieren.

## Misosuppe mit Lauch und Reis

Ein wärmendes Frühstück für kalte Tage.

*30 g Wakame-Alge*
*1 l Wasser oder Brühe*
*2 Tassen Lauch, kleingeschnitten (Wurzeln mitverwenden)*
*2 Tassen Vollkornreis, gekocht (Rundkornreis)*
*1/4 Tasse Miso*
*Petersilie zum Garnieren*

Wakame kurz abspülen, einweichen und in kleine Stücke (ca. 1 cm) schneiden. Lauch und Algen in den Topf geben, mit Wasser oder Brühe aufgießen und kurz aufkochen. Den Reis und die restliche Brühe dazugeben und bei geschlossenem Topf auf kleiner Flamme etwa 10 Minuten garen. Miso mit etwas Wasser oder Brühe anrühren, in die Suppe geben und einige Minuten mitziehen lassen. Vor dem Servieren mit Petersilie garnieren.

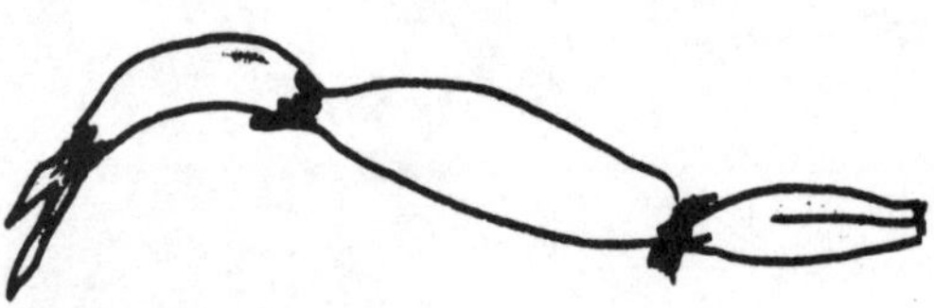

## Misosuppe mit Lotuswurzelklößchen

Lotuswurzeln, traditionell als Naturheilmittel bei Lungenproblemen und Übersäuerung des Magens bekannt, sind ein sehr yangiges Gemüse und als solches gut geeignet für die Winterküche. Lotus paßt nicht so gut zu Miso, deshalb wird es hier in Klößchen verarbeitet.

*1/2 Tasse frischgemahlenes Vollkornmehl*
*1 Tasse Lotuswurzeln, getrocknet*
*1/8 Tasse kochendes Wasser*
*1 Liter Kombubrühe*
*1/4 Tasse Miso*
*etwas Wasserkresse*

Lotuswurzeln in kaltem Wasser einweichen, im Drucktopf ein bis zwei Stunden kochen und anschließend in kleine Stücke schneiden. Vollkornmehl mit Lotuswurzeln und heißem Wasser mischen und Klößchen formen. Kombubrühe zum Kochen bringen und die Klößchen hineingeben. Sie sind gar, sobald sie an die Oberfläche kommen. Hitze reduzieren, Miso mit etwas Wasser oder Brühe anrühren, in die Suppe geben und einige Minuten mitziehen lassen. Die Suppe dann mit Wasserkresse garnieren.

## Mochi-Misosuppe

Mochi, eine Spezialität aus Süßreis, ist seit alters her bekannt als milchbildendes Nahrungsmittel für stillende Mütter. Ein Teller dieser Suppe am Abend wärmt sehr gut.

**Mochi:** *2 Tassen ungeschälter Süßreis*
*1/4 Teelöffel unraffiniertes Meersalz*
*2 Tassen Wasser*

**Suppe:** *1 Tasse Schalotten oder Lauch, kleingeschnitten*
*1 Tasse Chinakohl, feingeschnitten*
*1 l Wasser oder Brühe*
*1/4 Tasse Miso*
*1 Blatt Nori-Alge, geröstet*

Den Süßreis waschen, einweichen und mit Salz und Wasser 30 bis 60 Minuten im Drucktopf kochen, oder, wenn mehr Zeit vorhanden ist, im geschlossenen Dämpfer garen lassen. Dann in ein schweres Gefäß geben und mit einem hölzernen Stößel solange schlagen, bis der Reis ganz weich und klebrig ist. Wer wenig Zeit und Muße hat, kann den Reis durch einen Wolf geben. Dann etwa 2 cm dicke Kugeln, Dreiecke, Vierecke usw. formen und auf die Seite stellen.

Schalotten oder Lauch und Chinakohl sautieren, etwas Brühe aufgießen und kurz aufkochen. Dann die restliche Brühe dazugeben und bei geschlossenem Topf auf kleiner Flamme garen. Die Mochis dazugeben und solange kochen, bis sie an die Oberfläche steigen. Miso mit Wasser oder Brühe anrühren und an die Suppe geben, etwas ziehen lassen und mit Noristreifen garnieren.

## Löwenzahn-Misosuppe mit Tempura

Gewöhnlich ist Löwenzahn sehr bitter. Er schmeckt deshalb am besten in der Misosuppe, wenn man ihn vorher fritiert und als Garnierung dazugibt. Das Ergebnis ist eine sehr yangige Suppe, die allen Leuten empfohlen wird, die unter allgemeiner Schwäche leiden. Anstelle von Löwenzahn kann man auch Petersilienwurzel oder andere Wildkräuter bzw. -gemüse verwenden.

**Brühe:**

*1 Liter Kombubrühe*
*1/4 Tasse Miso*

**Fritierte Suppeneinlage (Tempura):**

*1/2 Tasse frischgemahlenes Vollkornweizenmehl*
*1/2 Tasse frischgemahlenes Mais- oder Reismehl*
*1 Tasse Wasser*
*1 Tasse Löwenzahnblätter und -wurzeln*

Das Mehl und das Wasser zu einem Backteig mischen, die geschnittenen Blätter und kleingehackten Löwenzahnwurzeln in den Backteig tauchen und löffelweise in heißem Öl (Sesam- oder Sonnenblumenöl) goldbraun backen und auf Papierservietten abtropfen lassen. Die Kombubrühe erhitzen, Miso mit etwas Wasser oder Brühe anrühren, in die Suppe geben und einige Minuten ziehen lassen. Kurz vor dem Servieren die Tempurastückchen (ein bis zwei) dazugeben.

Anstelle von Kombubrühe kann auch Gemüsebrühe mit verschiedenen weichgekochten Gemüsen mit Tempura kombiniert werden. Zum Ausbacken eignen sich übrigens auch alle gekochten Getreide und Hülsenfrüchte, Gemüse, Weizengluten (Seitan), Sojabohnenquarkprodukte (Tofu, Tempeh) und Fisch. Lassen Sie Ihrer Phantasie freien Lauf!

## Margeriten-Misosuppe

Für diejenigen, die zwar schon den Genuß von hausgemachtem Sojabohnenquark (Tofu) entdeckt haben, aber noch nicht wissen, was sie mit dem Nebenprodukt Okara (Sojakleie) machen sollen, bietet sich dieses Suppenrezept an. Diese Suppe schmeckt nicht nur gut, sie sieht auch wunderbar aus, wie ein Feld mit Margeriten.

*1/4 Teelöffel Öl*
*1/2 Tasse geschälte Klettenwurzeln*
*1/2 Tasse weiße Rüben oder Rettich, in kleine Stücke geschnitten*
*1 l Wasser oder Brühe*
*2 Tassen Okara (Sojakleie)*
*1/4 Tasse Miso*
*1 Blatt Nori-Alge, geröstet*
*1 Schalotte, feingeschnitten*
*Öl zum Sautieren*

Klettenwurzeln und Rüben (Rettich) sautieren, mit etwas Brühe aufgießen und zum Kochen bringen. Restliche Brühe zugeben und bei geschlossenem Topf auf kleiner Flamme garen lassen. Okara zugeben, zwei bis drei Minuten aufkochen, dann auf kleiner Flamme weiter garen lassen. Miso mit etwas Wasser oder Brühe anrühren, in die Suppe geben und einige Minuten mitziehen lassen. Mit Nori und Schalotten garnieren.

## Misosuppe mit Wakame und Tofu

Dies ist traditionell die Misosuppe ,,par excellence". Das seidenweiche Tofu harmoniert vortrefflich mit der Misosuppe.

*30 g Wakame, getrocknet*
*1 l Wasser oder Brühe*
*1 Tasse Tofu, in kleine Würfel geschnitten*
*1/4 Tasse Miso*
*1 Schalotte oder Zwiebel oder Lauch*

Wakame kurz abspülen, in kaltem Wasser einweichen, in kleine Stücke schneiden und zusammen mit dem Tofu in die Brühe geben. Alles kurz aufkochen und auf kleiner Flamme weitergaren, bis der Tofu an die Oberfläche kommt. Miso mit etwas Wasser oder Brühe anrühren, in die Suppe geben und mitziehen lassen. Garnieren mit feingeschnittener Schalotte, Zwiebel usw.

## Tofu hausgemacht

Die Sojabohne ist eine der wertvollsten vegetabilen Eiweißquellen überhaupt und als Nahrungsmittel hochwertiger als tierisches Eiweiß. Würden wir in den westlichen Industrieländern die Sojabohne nicht hauptsächlich als Tierfütterung verwenden (man braucht etwa 8 Kilo Soja und Getreide, um 1 Kilo Fleisch zu produzieren), sondern den Menschen direkt zur Verfügung stellen, wären die Hungerprobleme auf der Welt leicht gelöst. Die Gier der Menschen im Westen nach Fleisch und exklusiven, exotischen Lebensmitteln aus anderen Ländern ist mitverantwortlich für Armut und Hunger in den sogenannten „Entwicklungsländern". Es liegt an jedem Einzelnen von uns, durch Änderung unserer Ernährungsgewohnheiten Abhilfe zu schaffen. Einen einfachen Schlüssel dazu bietet die Makrobiotik mit ihrem universalen Ansatz.

Schon vor Tausenden von Jahren hat man erkannt, daß Sojabohnen einen höheren Nährwert haben, wenn sie natürlich verarbeitet werden, wie zum Beispiel zu Sojasoße (Tamari), Miso, Tempeh, Tofu und Soja-Milch.

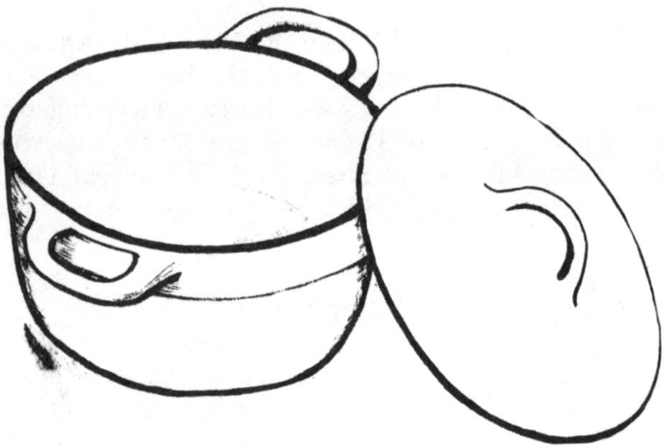

Hier das Grundrezept für die Herstellung von Tofu

*3 Tassen Sojabohnen, getrocknet*
*10 Tassen Wasser*
*2 Teelöffel Nigari (Gerinnungsmittel aus Meersalz)*

Sojabohnen waschen und mindestens 12 Stunden an einem kühlen Ort einweichen. Das Einweichwasser abgießen und für weitere Nutzung aufheben. Die Sojabohnen in einer Handmühle oder einem Mixer pürieren, durch ein feines Sieb oder Baumwolltuch passieren. Die Zellulosebestandteile der Sojabohne (Okara) bleiben im Tuch bzw. im Sieb.

Zurück bleibt die sogenannte Soja-Milch, die im Verhältnis 1:3 mit dem Einweichwasser und zusätzlichem frischem Wasser verdünnt wird. Diese Mischung bei mittlerer Hitze langsam zum Kochen bringen (wenn möglich im Turmtopf-Siedebad, da die Soja-Milch sehr schnell ansetzt). Einige Minuten unter ständigem Rühren kochen lassen, dann die Flamme abstellen, das Nigari mit etwas Wasser auflösen und unter leichtem Rühren in die heiße Soja-Milch tropfen. Geben Sie soviel Nigari zu, bis die Gerinnung beginnt. Die Gerinnung kann 10 bis 20 Minuten dauern. Die Mischung sollte nun aussehen wie Eierstich in einer klaren Brühe. Ist die Gerinnung zu langsam oder ungenügend, geben Sie noch einige Tropfen Nigari dazu, die Sie vorsichtig verteilen. Ein Baumwolltuch in ein Sieb oder eine Form mit Löchern legen, die heiße Masse einfüllen und mit dem Tuch abdecken. Nun mit einem hölzernen Deckel oder Teller und einem Gewicht beschweren. Nach etwa einer Stunde das Gewicht erhöhen und eine weitere Stunde stehen lassen. Je größer das Gewicht, desto fester wird der Sojabohnenkäse. Nehmen Sie den Tofu vorsichtig heraus und legen Sie ihn in kaltes Wasser. Er hält sich im Kühlschrank etwa eine Woche, wenn Sie täglich das Wasser wechseln. Der Tofu muß im Wasser schwimmen. Wenn Tofu in Gerichten verwendet wird, in denen er nicht mitgekocht wird, sollte er vorher etwa 15 Minuten gekocht werden.

## Misosuppe mit Aburage

Aburage oder fritierter Tofu wird als Leckerbissen von Jung und Alt geschätzt. Aburage, gefüllt mit Gemüse und Reis, eignet sich hervorragend als Zwischenmahlzeit, Beilage oder als Snack für ein Picknick oder eine Party. Hier aber ein Rezept für Aburage als Suppeneinlage.

*1 Block Tofu (30 g)*
*1 Tasse weißen Rettich, in dünne Scheiben geschnitten*
*1 Liter Kombubrühe*
*1/4 Tasse Miso*
*Schalotte oder Lauch, hauchdünn geschnitten*

Tofu in Papiertücher geben und das Wasser ausdrücken. Dann in Scheiben schneiden und in heißem Sonnenblumen- oder Sesamöl ausbraten. Wenn die Streifen goldbraun sind, herausnehmen, Öl abtropfen lassen und überflüssiges Öl unter heißem Wasser abwaschen und mit Papiertüchern abtrocknen.

Rettich in etwas Kombubrühe aufkochen, restliche Brühe aufgießen und im zugedeckten Topf auf kleiner Flamme garen lassen. Aburagestreifen hineingeben und 5 Minuten mitkochen lassen. Miso in etwas Wasser oder Brühe anrühren, zur Suppe geben und garen lassen. Mit Schalotte oder Lauch garnieren.

## Misosuppe mit Tofuklößchen

*5 mittelgroße Tofublöcke*
*2 Teelöffel Kuzu (Pfeilwurzelstärke)*
*1 l Wasser oder Brühe*
*1 Tasse Schalotten oder Lauch, in Streifen geschnitten (1 cm)*
*1/4 Tasse Miso*

Überflüssiges Wasser mit Baumwolltuch aus dem Tofu drücken und den Tofu in einer großen Suribachi pürieren. Kuzu mit 2 Eßlöffeln kaltem Wasser anrühren und unter den Tofu mischen. Kleine Klößchen formen. Kombubrühe aufkochen, Klößchen hineingeben und solange kochen, bis sie an die Oberfläche aufsteigen. Bei kleiner Flamme weiter ziehen lassen, Miso in etwas Wasser oder Brühe anrühren, in die Suppe geben und mitziehen lassen. Lauch oder Schalotten dazugeben und servieren.

## Milk-Shake-Misosuppe (Go Jiru)

Versuchen Sie dieses Rezept für eine Suppe mit Milch-Shake ähnlicher Konsistenz. Sie ist besonders köstlich mit frisch geernteten Sojabohnen und gilt als erstklassiger Energiespender.

*30 g Wakame, getrocknet*
*1/2 Tasse Sojabohnen, getrocknet oder frisch*
*1 Liter Wasser oder Brühe*
*1/4 Tasse Miso*

Sojabohnen waschen und gegebenenfalls einweichen (in der Regel 24 Stunden). Einweichwasser mit in die Brühe geben und Sojabohnen im Suribachi oder im Mixer pürieren. Wakame unter fließendem Wasser leicht abspülen und 5 Minuten einweichen. Einweichwasser der Algen mit in die Brühe geben. Wakame in Streifen schneiden und ebenfalls in die Brühe geben. Gemüsebrühe zum Kochen bringen, die pürierten Sojabohnen dazu tun und wieder aufkochen. Flamme reduzieren und die Suppe eine halbe Stunde lang garen lassen. Miso in etwas Wasser oder Brühe anrühren und einige Minuten mitziehen lassen. Mit Petersilie oder anderen Kräutern garnieren.

## Jinenjo-Misosuppe

Ursprünglich werden in diesem Gericht wildgewachsene Kartoffeln verwendet. Diese kleinen Kartoffeln (Jinenjo) sind extrem Yang, geben eine enorme Vitalität und sind köstlich im Geschmack. Wenn Sie diese Kartoffeln nicht zur Verfügung haben, nehmen Sie die kleinstmöglichen Kartoffeln, die Sie bekommen können (Kirschengröße).

*1/2 Tasse frischgemahlenes Vollkornweizenmehl*
*1 Tasse geriebene Kartoffeln*
*1 Liter Wasser oder Brühe*
*1/4 Tasse Miso*
*1 Teelöffel geriebene Zitronenschale*

Mehl und Kartoffeln mischen. Brühe aufkochen und den Mehl-Kartoffel-Teig in die Brühe geben. Wenn die Nockerl an die Oberfläche steigen, sind sie gar. Auf kleiner Flamme weiterköcheln lassen. Miso in etwas Wasser oder Brühe anrühren, in die Suppe geben und etwas mitziehen lassen. Mit Zitronenschale garnieren und servieren.

## Koi-koku (Misosuppe mit Karpfen und Klettenwurzeln)

Diese Suppe ist besonders gut für junge Mütter, da sie hilft, nach der Geburt schnell wieder zu Kräften zu kommen und gesunde Milch zu bilden. Eine junge Mutter kann eine Woche lang täglich eine Schale davon genießen. Außerdem ist dieses Gericht ein traditionelles Volksheilmittel für schwache und alte Menschen. Unabhängig davon ist die Suppe eine Delikatesse für alle Gourmets.

*3 Teelöffel Öl (Sesam- oder Sonnenblumenöl)*
*1 Pfund Karpfen (wenn möglich, ein ganzer Fisch)*
*Klettenwurzeln, geschnitzelt, 2 bis 3 Pfund*
*Wasser oder Brühe*
*1 Tasse gebrauchte Teeblätter vom Dreijahrestee (Banchatee)*
*1 Tasse Miso*
*2 Teelöffel Ingwer, frisch gerieben*

Kaufen Sie einen lebenden Baby-Karpfen und bitten Sie Ihren Fischmann, nur die Gallenblase herauszunehmen, denn diese macht den Fisch bitter.

Schneiden Sie den Fisch mit Kopf, Gräten und Flossen, einfach mit allem, in fingerbreite Streifen. Die gebrauchten Teeblätter in ein Baumwoll-Taschentuch knoten und mit einem Bindfaden am Topf festbinden.

Klettenwurzeln in Sesamöl sautieren. Den Karpfen in den Suppentopf geben, darauf die Klettenwurzeln und obendrauf den Teebeutel. Wasser oder Brühe aufgießen, bis das Gemüse bedeckt ist, und zum Kochen bringen. Nach dem Aufkochen Flamme reduzieren und 4 bis 8 Stunden durchköcheln lassen, bis die Gräten und Flossen ganz weich sind (bzw. sich aufgelöst haben). Wenn es schneller gehen soll, kochen Sie alles etwa 2 Stunden lang im Dampfdrucktopf. Wenn nötig, zwischendurch etwas Wasser oder Brühe nachgießen.

Sobald sich die Gräten aufgelöst haben, den Teebeutel herausnehmen, das Miso mit etwas Wasser oder Brühe anrühren und in die Suppe geben. Etwa 5 Minuten ziehen lassen, mit Kräutern garnieren. Im Kühlschrank oder an einem kalten Ort hält sich die Suppe etwa 1 Woche.

なめ味噌

Kapitel 3

# Misogewürze und Relishes

## Gewürze

Jeder Mensch braucht Salz. Der Bedarf ist individuell, je nach Alter, Arbeitsweise, Gesundheitszustand und Lebensbereich (Klima und Jahreszeit). Das bedeutet auch, daß der Salzbedarf jeden Tag verschieden ist. Nun kann aber kein Koch bzw. keine Köchin für jeden Menschen ein Gericht separat zubereiten. Es ist daher sinnvoll, ein Essen für eine Familie mit möglichst wenig Salz zu kochen. Wer dann mehr Salz wünscht, kann das in Form von salzigen Gewürzen dem Essen zugeben.

Da sich Gewürze gut halten, kann man einen Vorrat für ein bis zwei Wochen auf einmal zubereiten. Heben Sie die Misogewürze in verschließbaren Holz- oder Keramikfässern auf, damit sie ihr Aroma nicht verlieren.

## Tekka

Das traditionelle, hausgemachte Tekka wird 16 Stunden lang auf kleiner Flamme gekocht. Es ist eine stärkende ,,Medizin" für Menschen mit Blutarmut. Da Tekka sehr yang ist, verwenden Sie nur eine ganz geringe Menge (eine Messerspitze pro Schale Reis).

*1/2 Tasse Öl*
*2/3 Tasse gehackte Klettenwurzel*
*1/4 Tasse gehackte Karotten*
*1/3 Tasse gehackte Lotoswurzeln*
*1 Teelöffel geriebener, frischer Ingwer*
*1 Tasse Sojabohnenmiso (Hatcho-Miso)*

Erhitzen Sie 1/4 Tasse Öl in einer Pfanne, sautieren Sie die Gemüse in der folgenden Reihenfolge: Klettenwurzeln, Karotten, Lotoswurzeln und Ingwer. Geben Sie den Rest Öl und Miso hinzu und kochen Sie das Ganze auf kleiner Flamme 3 bis 4 Stunden lang unter gelegentlichem Umrühren, bis das Tekka so trocken wie möglich geworden ist.

## Sesam-Misogewürz

Dieses Gewürz enthält frisches Öl aus den Sesamsaaten, Eiweiß aus dem Miso und einen leichten ,,Touch" von Schnittlauch.

*3 Tassen Sesamsamen, geröstet*
*1/3 Tasse Miso*
*1/4 Tasse gehackter Schnittlauch*

Geben Sie die gerösteten Sesamsamen in eine Suribachi und zerreiben Sie sie zu etwa 80 %. Geben Sie Miso dazu und mischen Sie die Zutaten gründlich mit leichtem Druck. Den gehackten Schnittlauch untermischen.

### Chili-Misogewürz

Pepperoni oder grüner Paprika in diesem Gewürz ergeben einen scharfen Geschmack.

*Öl zum Sautieren*
*1 Tasse grüner Paprika oder Pepperoni, gehackt*
*1 Tasse Miso*
*1/2 Tasse Wasser*

Reiben Sie eine erhitzte Pfanne mit Öl aus und sautieren Sie die grünen Paprika oder Pepperoni. Mischen Sie das Miso mit Wasser, geben Sie es zu dem Gemüse dazu und kochen Sie beides auf kleinster Flamme wenigstens 1 Stunde, bis keine Flüssigkeit mehr übrig ist, und das Gewürz eine schmelzende, cremige Konsistenz hat.

## Relishes

Diese leicht zu bereitenden Leckereien geben jedem Essen eine besondere Note. Sie können entweder die Vorspeise begleiten oder als Extra-Beilage serviert werden.

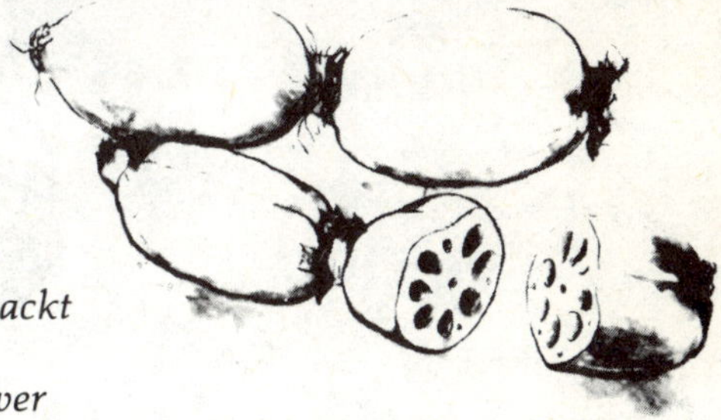

### Misocreme

*2 Teelöffel Öl*
*1 Tasse Schalotten, gehackt*
*1/3 Tasse Lotoswurzeln, gehackt*
*1 gehäufter Teelöffel Miso*
*1/4 Teelöffel geriebener Ingwer*

Sautieren Sie Schalotten und Lotoswurzeln und kochen Sie beides in etwa 30 Minuten gar. Geben Sie Miso dazu und lassen Sie es 5 Minuten mitziehen. Dann geben Sie Ingwer hinein und kochen alles noch einmal 1 Minute

## Sigure Misocreme

Sigure bedeutet ,,Stiller Spätherbstregen". Diesen Namen gab Frau Lima Ohsawa vor langer Zeit dieser Creme, als sie sie einmal in meinem Haus in New York zubereitete.

*3 Teelöffel Öl*
*1/2 Tasse gehackte Zwiebeln*
*1/2 Tasse gehackte Karotten*
*1/2 Tasse gehackte Lotoswurzeln*
*etwas Wasser*
*1 gehäufter Teelöffel Miso*
*1 Messerspitze Ingwer*
*Öl zum Sautieren*

Sautieren Sie die Zwiebeln, dann die Karotten, dann die Lotoswurzeln. Gießen Sie soviel Wasser auf, daß die Gemüse bedeckt sind, und lassen Sie sie auf kleinster Flamme garen. Mischen Sie das Miso hinein. Lassen Sie es 3 Minuten mitkochen. Dann geben Sie den Ingwer dazu, mischen ihn mit den anderen Zutaten und nehmen den Topf vom Feuer. Diese Creme ist gut mit Getreide zusammen als Gemüse oder als Brotaufstrich.

## Schalotten-Misocreme

*2 Tassen Schalotten, kleingeschnitten, die Wurzeln kleingehackt*
*Öl zum Sautieren*
*1 gehäufter Teelöffel Miso*
*2 Teelöffel Wasser*

Sautieren Sie zuerst die Schalottenwurzeln, dann das Grüne. Rühren Sie Miso mit Wasser an und mischen Sie es vorsichtig mit den Schalotten. Dann auf kleiner Flamme zugedeckt 5 bis 10 Minuten garen.

味噌ソースと
バタの作り方

Kapitel 4

# Misosoßen und Brotaufstriche

*Die Zubereitung von Essen ist die höchste menschliche Kunst. Sie entscheidet über Glück und Unglück, Gesundheit und Krankheit, Klugheit oder Unwissenheit, Reichtum oder Armut, Genie oder Dummheit und sogar über eine höhere oder niedrigere Ebene der Menschlichkeit und der Spiritualität. Die Person, die für das Kochen zuständig ist, hat die zentrale Position in der Gesellschaft inne. Das ist damit vergleichbar, daß die, die das Feuer beherrschen, auch die Welt regieren.*

*Diese Kunst ist fast ausschließlich in der Hand der Frau. Ihre Empfindsamkeit und ihr Verstand fließt direkt in die Zubereitung der Nahrung. So beherrscht die Frau als die Herrscherin über Nahrung und Kochen das Schicksal der Menschheit.*

Michio Kushi

## Misosoßen

In der makrobiotischen Küche werden Soßen weniger verwendet als allgemein üblich, denn nach den Prinzipien der Einfachheit und Klarheit gilt es eher, den Eigengeschmack der verwendeten Speisen hervorzuheben. Wie überall gibt es aber auch hier Ausnahmen. So zum Beispiel bei Nudelgerichten, Salaten und bestimmten Gemüsezubereitungen.

## Miso-Pflaumensoße

*2 Teelöffel gehackte Umeboshi (milchsauer vergorene Salzpflaumen)*
*1/3 Tasse Miso*
*1 Tasse Sake (Reiswein)*
*Wasser oder Brühe nach Bedarf*

Mischen Sie alle Zutaten und kochen Sie sie auf kleiner Flamme zwei bis drei Minuten. Diese Soße sollte immer frisch zubereitet werden.

**Variation:**
Sautierte, gehackte Zwiebeln und/oder frische Kräuter können mit den anderen Zutaten gemischt werden.

## Su-Miso

Su-Miso ist eine traditionelle Soße aus Miso und Reisessig. Reisessig ist besonders mild und fein im Geschmack. Man kann stattdessen auch mal Apfelessig, frischen Zitronen- oder Orangensaft nehmen.

*2 Teelöffel Kuzu (Pfeilwurzelstärke)*
*1/4 Tasse Miso*
*1 Teelöffel Reisessig*
*1 Teelöffel geriebene Zitronenschale oder frisch geriebener Ingwer*
*Wasser nach Bedarf*

Kuzu in einer halben Tasse Wasser auflösen. Eine oder mehrere Tassen Wasser zum Kochen bringen und das angerührte Kuzu hinzugeben. Auf kleiner Flamme köcheln, bis die milchige Flüssigkeit transparent geworden ist. Topf vom Feuer nehmen und Miso, Reisessig und Zitronenschale untermischen. Sie können auch grüne Kräuter als Garnierung beigeben. Diese Soße ist köstlich zu gedämpftem oder blanchiertem Gemüse.

## Renée's Misosoße

*3 Teelöffel frisch gemahlenes Vollkornweizenmehl*
*1 Teelöffel Sesamöl*
*1 Teelöffel gehackte Zwiebeln*
*1 Teelöffel gehackte Petersilie*
*1 gehäufter Teelöffel Miso*
*Wasser oder Brühe nach Bedarf*

Machen Sie eine Mehlschwitze, bis das Mehl goldgelb ist. Löschen Sie mit Wasser oder Brühe ab, bis eine cremige Konsistenz erreicht ist. Dann nehmen Sie den Topf vom Feuer. Sautieren Sie Zwiebeln und Petersilie separat und geben Sie sie dann zur Mehlschwitze.

## Bechamelsoße mit Miso und Zwiebeln

Für eine weiße Soße verwenden Sie weißes, ungebleichtes Vollkornmehl. Für eine mittelbraune Soße verwenden Sie ausgesiebtes Vollkornmehl (ohne Kleie). Für eine braune Soße verwenden Sie etwas gröberes Vollkornmehl (mit Kleie).

**Für 1 l Soße:**

*1/2 Tasse Sesamöl*
*2/3 Tasse Mehl*
*1 bis 2 gehackte Zwiebeln*
*1 bis 1 1/2 Teelöffel Miso*
*Öl zum Sautieren*
*5 Tassen (oder mehr) Wasser oder Brühe*

Machen Sie eine Mehlschwitze (rösten Sie das Mehl, bis es die gewünschte Farbe angenommen hat). Stellen Sie den Topf zum Abkühlen auf die Seite. Sautieren Sie die Zwiebeln separat. Rühren Sie Zwiebeln und Gemüsebrühe in die Mehlschwitze ein. Kochen Sie die Soße kurz auf. Dann die Hitze etwas reduzieren und die Soße ohne Deckel etwa 20 Minuten köcheln. Um ein Anbrennen der Soße zu vermeiden, legen Sie bitte eine Asbestplatte unter. Rühren Sie Miso mit etwas Wasser oder Brühe an, unter die Soße heben und es einige Minuten mitziehen lassen. Anstelle der Zwiebeln können auch Schalotten, Wasserkresse, Lauch, Dill oder Basilikum genommen werden.

# Brotaufstriche

Für Zwischenmahlzeiten, Picknicks und kalte Buffets kann man leckere Aufstriche für Brot, Brötchen oder Cracker zubereiten. Garniert mit etwas Salat, Kräutern usw. sind sie ein Genuß für Groß und Klein.

## Miso-Tahin-Aufstrich

Tahin bei mittlerer Hitze unter ständigem Rühren goldbraun rösten, dann vom Feuer nehmen und mit Miso mischen. Wenn eine dünne Creme gewünscht wird, mit abgekochtem Wasser strecken. Dieser Aufstrich ist ein guter Ersatz für Margarine oder Butter. Tahin ist ein sehr hochwertiges Nahrungsmittel mit mehr als 60 % ungesättigten Fettsäuren und hohem Lecitinanteil. Deswegen sollte man es äußerst sparsam anwenden.

**Variationen:**
**a**) Mischen Sie sautierte Zwiebeln und/oder grüne Kräuter in die Creme.
**b**) Mischen Sie einen Teelöffel geriebene Orangenschale in die Creme.

## Walnuß-Miso-Aufstrich

*1 Tasse Walnüsse*
*1/4 Tasse Miso*
*1/4 Tasse heißes Wasser*

Rösten Sie die Walnüsse in einer schweren Pfanne oder im Backofen, bis sie *leicht* braun sind. Dann abkühlen lassen und in einer Mühle fein mahlen. Miso mit Wasser und Nüssen zu einer cremigen Paste anrühren. Diese Creme paßt auch sehr gut zu blanchiertem Gemüse.

**Variationen:**
**a**) Statt der Walnüße kann man auch Sonnenblumenkerne, Erdnüße oder Haselnüße verwenden.
**b**) Anstelle von Miso kann man auch Reis- oder Gerstenmalz nehmen.
**c**) Wenn Sie mehr Wasser hinzufügen, erhalten Sie köstliche Soßen für Gemüse bzw. Obstsalate.

## Kresse-Miso-Aufstrich

*1 Bündel frische Wasserkresse, gehackt*
*1/2 Tasse feingehackte Schalotten oder Lauch*
*1 Teelöffel Sesamöl*
*2 Teelöffel Miso*
*Wasser*

Sautieren Sie die Schalotte bzw. den Lauch. Rühren Sie das Miso mit Wasser an und geben Sie es auf das geschmorte Gemüse. Die gehackte Wasserkresse dazugeben und 2 bis 5 Minuten kochen. Als Variation kann man ein bis zwei Teelöffel Sesambutter (Tahin) mit einrühren. Für einen solchen Aufstrich kann man sehr gut auch die Lauch- und Schalottenwurzeln verwenden. Bitte werfen Sie diese niemals weg, denn sie geben viel Energie.

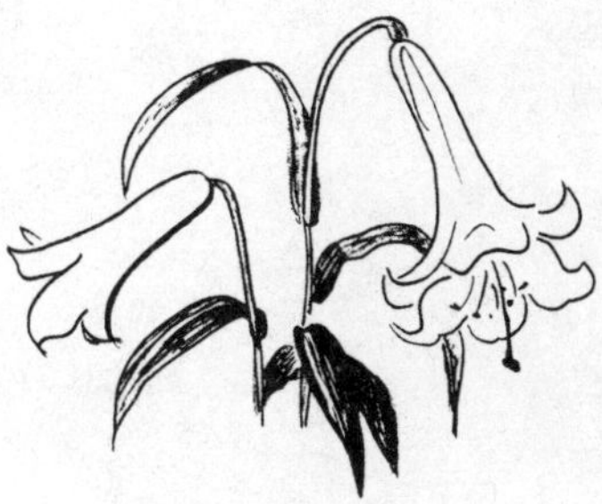

お菜に味噌のつかひ方

## Kapitel 5

# Beilagen mit Miso

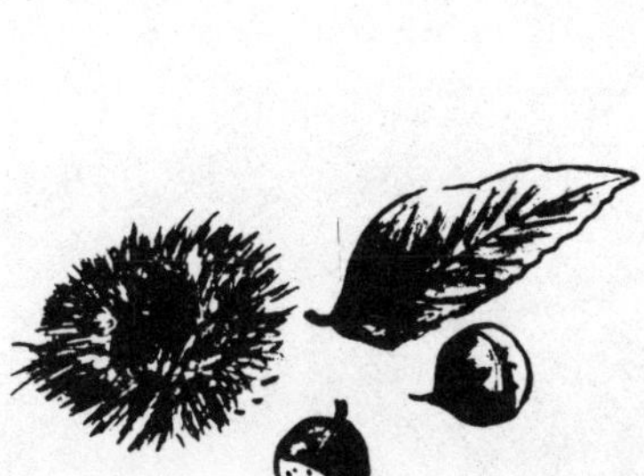

## Gemüse und Miso

*Wenn Du gutes Essen liebst,*
*koche es selbst.*
Li Lweng

### Gefüllte Paprika

*1 Tasse gehackte Zwiebeln*
*1 Tasse Miso-Tahin-Aufstrich (siehe Seite 82)*
*6 mittelgroße Paprika*
*Öl zum Sautieren*
*4 bis 5 Tassen Reis, gekocht*
*2 Tassen Seitan (Weizengluten), gebraten oder frititert (siehe Seite 58)*

Zwiebeln in Öl sautieren. Miso-Tahin, Zwiebeln, Reis und Seitan miteinander mischen. Die Stiele vom Paprika abschneiden und Kerne entfernen. Die vorbereitete Mischung in die Paprika einfüllen und die Köpfe wieder auf die Paprikaschoten setzen. Die gefüllten Paprika in eine eingeölte Kasserolle oder Auflaufform geben, etwas Wasser aufgießen und zugedeckt in einem vorgeheizten Backofen bei 180° C schmoren, bis das Gemüse weich ist.

### Zwiebeln mit Miso gefüllt

*6 mittelgroße Zwiebeln*
*1 Teelöffel Öl*
*3/4 Tasse Miso*
*1/4 Tasse gehackte Petersilie*
*1 Teelöffel geriebene Zitronenschale*
*1 Streifen Kombu (ca. 15 cm lang)*

Zwiebeln schälen. Das obere Viertel der Zwiebeln (nicht das Wurzelende) abschneiden, mit einem Löffel oder Messer aushöhlen. Die Schale der ausgehöhlten Zwiebeln soll etwa 1 bis 1,5 cm dick sein. Die herausgenommenen Zwiebelherzen werden kleingeschnitten und in Sesamöl sautiert. Machen Sie eine Füllung aus Miso, Petersilie, Zitronenschale und den sautierten Zwiebelherzen und füllen Sie damit die ausgehöhlten Zwiebeln. Geben Sie Kombu in eine Kasserolle oder Auflaufform, gießen Sie 1/2 Tasse Wasser oder Brühe dazu und legen Sie die Zwiebeln auf die Algen. Zugedeckt in einem vorgeheizten Backofen bei 180° C schmoren, bis die Zwiebeln weich sind.

## Zwiebel-Blumen

*6 ganze, mittelgroße Zwiebeln*
*2 Streifen Kombu-Alge (ca. 15 cm lang)*
*1 bis 2 mittelgroße Kohlblätter*
*1/4 Tasse Miso*
*1/4 Tasse Wasser*
*Petersilie zum Garnieren*

Schneiden Sie jede Zwiebel drei- bis viermal über Kreuz senkrecht bis zur Hälfte ein. Geben Sie die eingeweichte Kombu-Alge mit dem Wasser in einen Topf, legen Sie die Kohlblätter darüber und die Zwiebeln obenauf. Garen Sie das Gemüse bei geschlossenem Deckel auf kleiner Flamme, bis es weich ist. Miso mit etwas Wasser anrühren und vorsichtig, ohne die Zwiebeln zu beschädigen, darüber gießen. 5 Minuten weiterziehen lassen und mit gehackter Petersilie garniert servieren.

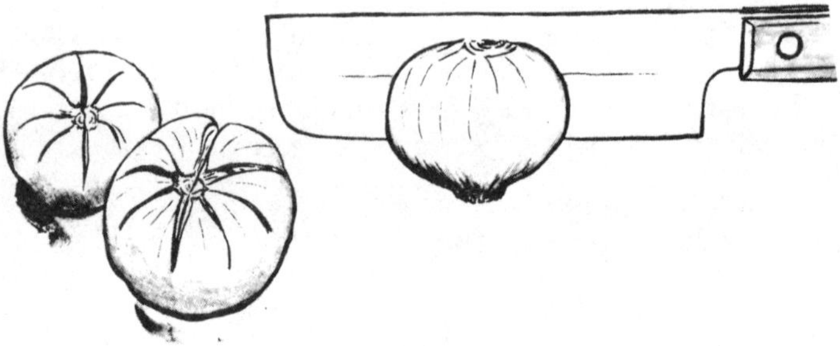

## Gefüllte Lotoswurzel

*6 fingerdicke Scheiben Lotoswurzel*
*2 Teelöffel Tahin*
*2 Teelöffel Miso*
*1/2 Teelöffel geriebener, frischer Ingwer*
*2 Teelöffel gehackte Petersilie*
*1 Schale mit Backteig*
*Sesamöl zum Fritieren*

Nehmen Sie eine frische Lotoswurzel und schneiden Sie sie in 6 fingerdicke Scheiben. 5 bis 10 Minuten kochen und auf die Seite stellen.

Ersatzweise können Sie getrocknete Lotoswurzeln im Naturkostladen kaufen, in Wasser einweichen und im Drucktopf ein bis zwei Stunden kochen.

Machen Sie die Füllung aus Miso, Ingwer, Tahin und Petersilie. Füllen Sie die hohlen Kammern der Lotoswurzelscheiben, legen Sie diese auf einen Teller und lassen Sie alles eine Stunde stehen. Die Miso-Füllung zieht Wasser aus den Lotoswurzeln. Wenden Sie die Lotosscheiben in dieser Flüssigkeit und dann in etwas Vollkornweizenmehl. Dann tauchen Sie die Lotoswurzeln in den Backteig aus Wasser, Vollkornweizenmehl und Pfeilwurzelstärke. Fritieren Sie die gefüllten Lotosscheiben in Sesamöl, bis sie goldbraun sind. Abtropfen lassen und überschüssiges Öl mit Papierküchentüchern abtupfen.

Da dies eine sehr yangige Beilage ist, genügen ein bis zwei Scheiben pro Person.

## Karottenkraut mit Miso

Es ist nicht nötig, Karottengrün wegzuwerfen. Dieses zellulose- und nährstoffreiche Kraut kann man zu schmackhaften Gerichten verarbeiten.

*4 feingehackte Stengel Karottengrün*
*1 Teelöffel Miso*
*Sesamöl*

Das Karottenkraut in einer eingeölten Pfanne bei mittlerer Hitze sautieren, bis es gar ist. Sollte das Grün zäh sein, gießen Sie nach dem Sautieren etwas Wasser auf und kochen das Grün auf kleiner Flamme weiter. Geben Sie angerührtes Miso dazu und lassen Sie alles noch zwei Minuten kochen.

Anstelle des Karottengrüns können Sie auch die Blätter des weißen Rettichs verwenden.

## Blanchierter Chinakohl

Gemüse werden blanchiert, indem man sie drei Minuten oder noch kürzer in kochendes Wasser taucht. Diese Kochmethode eignet sich besonders für die heiße Jahreszeit. Gemüse, die sich dafür eignen, sind z. B. Chinakohl, Spitzkohl, Chicorée, Mangold, Wasserkresse, Schalotte, Endivie, grüner Salat, Feldsalat, Lauch. Zum Blanchieren muß das Gemüse nicht unbedingt kleingeschnitten werden, man kann auch die ganzen Blätter verwenden.

*8 Blätter Chinakohl*
*1 l Wasser*
*1/3 Tasse Su-Miso (siehe Seite 80)*

Den Chinakohl ein bis drei Minuten in stark kochendes Wasser tauchen. Aus dem Wasser nehmen und Röllchen oder Häufchen formen und ein bis zwei Teelöffel Su-Miso über jede Portion geben. Das Kochwasser aufheben, als Gemüsebrühe oder zum Getreidekochen verwenden.

## Kohlroulade

Diese delikaten Rouladen mit ihrer weißen und grünen Füllung und der Misosoße geben ein sehr attraktives und sättigendes Gericht, das leicht zuzubereiten ist.

*1/2 Tasse frisch gemahlenes Süßreismehl*
*1/2 Tasse frisch gemahlenes Vollkornreismehl*
*1 Messerspitze Salz*
*1/2 Tasse gehackte Petersilie*
*1/2 Teelöffel Zitronenschale, gerieben*
*2 bis 3 Tassen Wasser*
*6 große Kohlblätter*
*ungebleichter Baumwollfaden zum Wickeln der Rouladen*
*1 Streifen Kombu-Alge (ca. 15 cm)*
*1 Teelöffel Miso*
*2 Teelöffel Kuzu (Pfeilwurzelstärke)*

Mischen Sie für die Füllung Mehl, Salz, Petersilie und Zitronenschale mit 1/4 Tasse heißem Wasser oder Brühe, und kneten Sie den Teig etwa 5 Minuten. Machen Sie daumendicke Klößchen, die Sie auf die Seite stellen.

Wasser aufkochen und einen ganzen, sorgfältig gewaschenen Kohlkopf in das heiße Wasser tauchen, bis die äußeren Blätter leicht entfernt werden können. Nehmen Sie 6 große Blätter von dem Kohlkopf. Die Blätter können für das Zusammenrollen flexibler gemacht werden, indem man den herausragenden Teil des Blattstieles abschneidet.

Die Klößchen in die Mitte eines jeden Blattes legen, die Ränder umfalten und zusammenrollen. Mit dem Baumwollfaden zusammenbinden.

Kombu in einen Topf geben, die Kohlrouladen darauf legen und das Blanchierwasser aufgießen. Topf schließen und die Kohlrouladen bei mittlerer Hitze kochen, bis sie transparent werden. Aus dem Topf herausnehmen, Kombu herausnehmen und die Alge für spätere Zwecke aufheben.

Miso in etwas Kohlbrühe anrühren und in den Topf geben. Kuzu in kaltem Wasser anrühren und mit der Miso-Kohlbrühe mischen. Bei mittlerer Hitze kochen, bis die Soße transparent ist. Vor dem Servieren die Soße über die Kohlrouladen geben.

### Gemüseallerlei mit Su-Miso

Für dieses Gericht eignen sich unter anderem Zucchini, weißer Rettich, Karotten, Klettenwurzeln, Steckrüben, Pastinaken, Kohlrabi oder Zwiebeln.

*3 Tassen Gemüse, in fingerdicke Scheiben geschnitten*
*1 bis 3 Tassen Su Miso (siehe Seite 80)*
*etwas Wasser*

Wasser zum Kochen bringen, Gemüse dazu geben. Nötigenfalls Wasser aufgießen, bis das Gemüse bedeckt ist. Zudecken und bei kleiner Flamme garen lassen. Gemüse aus dem Topf nehmen, abtropfen lassen und mit Su-Miso garnieren. Gemüsekochwasser zur weiteren Verwendung aufheben.

## Meeresgemüse und Miso

### Wakame-Gurkensalat

*30 g Wakame, getrocknet*
*2 Tassen gehobelte Gurken*
*1 Teelöffel Salz*
*5 Teelöffel geröstete Sesamsamen*
*1 Teelöffel Miso*

Wakame waschen und 15 Minuten einweichen. In dünne Streifen schneiden (wenn der Stengel in der Mitte hart ist, kann er herausgeschnitten und bei einem anderen Gericht mitverwendet werden). Die Gurkenscheiben auf Papiertüchern verteilen, mit Salz bestreuen und 15 Minuten liegen lassen. Salz abwischen oder abspülen und die Gurken mit Wakame mischen. Miso mit etwas Wasser anrühren und mit Wakame und Gurken gut vermischen. Gerösteten Sesam, ganz oder gemahlen, über den Salat streuen, gegebenenfalls mit frischen Kräutern garnieren.

## Kanten mit Zitronenmiso

*2 Stangen Kanten (Agar-Agar-Pulver kann ebenso verwendet werden)*
*2 Teelöffel Miso*
*2 Zitronen*
*1 Messerspitze frisch geriebener Ingwer*
*3 Tassen Wasser oder Brühe*

Kantenstangen leicht in kaltem Wasser waschen, in Stücke reißen und mit Wasser in einen Topf geben. Wenn Sie Agar-Agar als Pulver verwenden, verrühren Sie es mit dem Wasser und erhitzen es unter ständigem Rühren auf kleiner bis mittlerer Flamme, bis sich das Agar-Agar aufgelöst hat (10 bis 15 Minuten).

Eine Form mit kaltem Wasser ausspülen und die heiße Flüssigkeit hineingießen. Miso mit Zitronensaft und Ingwer anrühren und als Soße zu der in Würfel geschnittenen Masse reichen.

Dies ist eine erfrischende Beilage für ein Sommermenue.

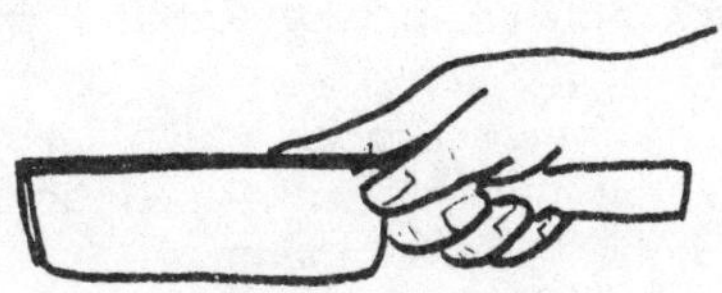

# Bohnen mit Miso

## Kidneybohnen mit Miso

*1 Tasse Kidneybohnen*
*2 Teelöffel Miso*
*Wasser oder Gemüsebrühe*

Die Bohnen waschen, in einen Topf geben und mit soviel Wasser oder Brühe aufgießen, daß die Bohnen bedeckt sind. Auf großer Flamme zum Kochen bringen, dann die Hitze reduzieren und garkochen, bis die Bohnen weich sind. Während des Kochens die Bohnen ab und zu mit etwas kaltem Wasser abschrecken. Miso mit etwas Wasser oder Brühe anrühren und ohne Umrühren oben auf die Bohnen geben. Es ist nicht nötig, das Miso unterzuziehen, da es während des Kochens von alleine nach unten sinkt. 10 bis 15 Minuten köcheln lassen.

Außer schwarzen Sojabohnen und Azukibohnen kann man fast alle Hülsenfrüchte auf diese Weise zubereiten. Wenn Sie besonders harte Hülsenfrüchte, wie Kichererbsen, kochen wollen, ist es sinnvoll, sie vorher einige Stunden in kaltem Wasser einzuweichen. Für Sojabohnen empfiehlt es sich, sie vorher in einem trockenen Topf zu rösten (dextrinieren), dann werden sie auch schneller weich.

## Gebackene Bohnen mit Miso

*1 bis 2 Tassen Pinto-Bohnen*
*3/4 Tasse gehackte Zwiebeln*
*1/4 Tasse Miso*
*3 Tassen Wasser*
*Sesamöl*

Hülsenfrüchte verlesen und gut waschen. 1 Stunde in kaltem Wasser einweichen und dann im Drucktopf mit dem Einweichwasser mindestens 45 Minuten kochen. Zwiebeln in einer Pfanne sautieren, das angerührte Miso dazugeben und mit den Bohnen in eine Auflaufform füllen. Bei 150° C 3 bis 4 Stunden backen.

Um zu variieren, können Sie auch andere Gemüse, kleingeschnitten, aber ungekocht, mit nahezu allen Hülsenfrüchten als Auflauf backen. Eventuelle Reste können Sie in heißem Öl fritieren.

味噌漬

Kapitel 6

# Miso-Pickles

Über Jahrhunderte hinweg haben die Menschen Methoden entwickelt, Lebensmittel durch natürliche Bearbeitung haltbar zu machen. Eine der besten Konservierungsmethoden ist, Gemüse und Obst milchsauer zu vergären. Die so entstehenden Pickles, wie wir heute sagen, finden als schmackhafte Beilage in unserer täglichen Küche ihre Liebhaber und sind gleichzeitig von hohem gesundheitlichem Wert, da sie uns mit Mineralstoffen, Vitaminen und Enzymen versorgen. Sie helfen, ein Gleichgewicht in der Ernährung zu schaffen und harmonisieren die Verdauung.

## Misozuke

Misozuke oder Miso-Pickles sind etwas stärker als die mit unraffiniertem Meersalz hergestellten Sorten (z. B. Sauerkraut). Sie eignen sich daher besonders als Beilage (z. B. zu Getreide) in den Wintermonaten, insbesondere, wenn keine Miso-Suppe zur Mahlzeit gereicht wird.

Wurzelgemüse wie Klettenwurzeln, Karotten, weißer Rettich, Kohlrabi, Steckrüben, Ingwer, Pastinaken und Selleriewurzeln eignen sich besonders für diese Art der Milchsäuregärung.

Nehmen Sie einen passenden Steinguttopf. Gemüse sorgfältig waschen und kleinschneiden. (Je größer die Gemüsestücke sind, desto länger brauchen sie, bis sie ,,durch" sind.) Schichten Sie Miso und Gemüse abwechselnd in den Topf, beginnend mit Miso (1 bis 2 cm dicke Schichten). Miso und Gemüse gut andrücken. Die oberste Schicht ist ebenfalls Miso. Decken Sie nun das Gefäß mit einem Deckel oder Teller ab und stellen Sie es an einen kühlen Ort. Die Pickles sind ,,durch" in einem Zeitraum von 3 Tagen bis zu 1 Woche. Bei richtiger Lagerung halten sie sich einige Monate.

Grüne Blattgemüse eignen sich wegen ihres hohen Wassergehaltes nicht für diese Art der Fermentierung. Ausgenommen davon sind Brunnenkresse und Broccoli. Blanchieren Sie den Broccoli in kochendem Wasser. Danach ziehen Sie die zähe Schale vom Stengel ab und geben ihn in das Miso. Die Brunnenkresse wird ebenfalls blanchiert und dann zwischen das Miso gelegt. Es ist nach 3 bis 7 Tagen fertig.

Wenn Sie Ihr Miso selbst machen, können Sie das Gemüse gleich mit dem frisch angesetzten Miso abfüllen und es zusammen fermentieren lassen.

Ursprünglich wurden Miso-Pickles mit Gersten-Miso hergestellt. Sie können aber auch andere Misoarten verwenden und dadurch Pickles mit allen möglichen Geschmacksvarianten herstellen. Wenn Sie das Miso hauptsächlich zum Fermentieren von Gemüse verwenden, mischen Sie Gemüse und Miso im Verhältnis 1:1. Wenn Sie jedoch täglich Miso in der Küche gebrauchen, mischen Sie Miso und Gemüse im Verhältnis 1:3. Wenn das Gemüse zusammen mit frisch angesetztem Miso eingelegt wird, kann es auch ungeschnitten in das Miso gegeben werden. Wenn Sie aber fertiges Miso zum Einlegen verwenden, sollte das Gemüse kleingeschnitten werden.

Wir wünschen Ihnen viel Spaß beim Ausprobieren der folgenden Rezepte.

## Zitronen-Miso-Pickles

*10 ungespritzte Zitronen*
*1/2 Tasse Wasser*
*1 Teelöffel frisch geriebener Ingwer*
*1 Tasse Miso*
*1/2 Tasse Sesamöl*

Von den Zitronen verwenden wir nur die Schale. Den Rest anderweitig verwenden. Schale fein hacken, mit etwas Wasser in einen Topf geben und fünf Minuten kochen. Das Öl in eine heiße Pfanne geben und erhitzen. Dann Miso mit etwas Wasser anrühren und zusammen mit dem Ingwer und der Zitronenschale hineingeben und unter gleichmäßigem Rühren zwei bis drei Minuten kochen. In ein verschließbares Glas füllen und eine Woche im Kühlschrank reifen lassen. Das Zitronenmiso paßt zu Getreide und Salat.

## Fischfilet in Miso

*1 Pfund Fischfilet (Dorsch, Kabeljau, Seezunge, Scholle, Forelle usw.)*
*1 Teelöffel frisch geriebener Ingwer*
*Miso*

Waschen Sie die Filets in kaltem Wasser. Reiben Sie sie mit dem frisch geriebenen Ingwer ein und legen Sie sie zwischen zwei Schichten Miso in einen Steinguttopf. Den Topf kühl stellen und abdecken. Nach einer Woche sind die Filets zum Verzehr geeignet. Sehr delikat!

## Nuka- oder Kleie-Pickles

Seit Generationen werden in Japan Nuka-Pickles als tägliche Beilage von Jung und Alt geschätzt. Nuka ist die Kleie vom Reis. Wenn Sie sie nicht bekommen können, nehmen Sie stattdessen grobes Vollkornreismehl oder Weizenkleie.

Mit einer halben Stunde Arbeit schaffen Sie sich einen Pickles-Vorrat für Jahre. Denken Sie daran, wie wichtig das milchsauer Vergorene für eine gesunde Darmflora ist. Nur mit einer gesunden Darmflora können wir unsere tägliche Nahrung gut verarbeiten und umwandeln.

*Gemüse nach Wahl*
*5 Pfund Reis- oder Weizenkleie (oder Vollkornreismehl)*
*1 bis 2 Tassen unraffiniertes Meersalz*
*1 Tasse Gersten- oder Sojamiso*
*10 Tassen Wasser*
*Kombu*
*eventuell Eierschalen (das Calcium der Eierschalen hilft überschüssige Säure zu neutralisieren)*

Wenn Sie statt Reis- oder Weizenkleie Reismehl verwenden wollen, bereiten Sie zunächst das Reismehl auf folgende Art: Vollkornreis waschen und in einem Topf unter ständigem Rühren ohne Öl leicht anrösten. Abkühlen lassen und in einer Mühle mahlen. Wenn Sie bereits gemahlenes Mehl verwenden, rösten Sie das Mehl, bis es leicht die Farbe verändert.

Abkühlen lassen. Wasser, Salz und Kombustreifen aufkochen und abkühlen lassen. Alles in ein Holzfäßchen, einen Steinguttopf oder einen Emaillebehälter geben und mit Kleie oder Mehl und Miso gut verrühren. In die angerührte Mischung geben Sie Gemüse, das gründlich abgebürstet und gespült werden muß, damit kein unerwünschtes Bakterienwachstum stattfinden kann. Sie können mit verschiedenen Gemüsearten experimentieren. Feste Gemüse wie Klettenwurzeln, Karotten, Steckrüben und weißer Rettich eignen sich mit am besten. Je kleiner die Gemüsestücke, desto eher sind sie fertig fermentiert. Große Wurzelgemüse können halbiert oder geviertelt werden. Grünblättrige Gemüse, die mehr Wasser enthalten, sollte man einen halben bis einen Tag an der frischen Luft trocknen, bevor man sie weiterverarbeitet. Ein kleines Stück Karotte wird z. B. schon in ein oder zwei Tagen genießbar, während ein größeres Stück eine Woche oder länger braucht. Geben Sie nur soviel Gemüse in den Topf, daß sie sich nicht gegenseitig berühren.

Weichere Gemüse, wie der Kürbis, Zucchini und Sellerie, sollten ganz in die Mischung getaucht werden.

Wenn Sie ein Gemüse zum Essen herausnehmen, geben Sie gleich wieder ein anderes frisch in den Topf. Auf diese Weise werden Sie immer genügend Vorrat zur Hand haben. Die Kombu-Alge kann gegessen werden, wenn sie weich ist. Übrig gebliebene rohe Gemüsestücke, wie z. B. Zwiebelschalen, binden Sie in ein Baumwollsäckchen und tauchen es in die Kleiemasse. Das hilft, das Salz schneller zu yinisieren. Nach 3 oder 4 Tagen nimmt man das Säckchen wieder heraus und gibt die Zwiebelschalen usw. auf den Kompost.

Nehmen Sie einen Teller oder ein Holzbrett, welches in den Topf paßt. Bedecken Sie damit die Füllung und legen Sie ein schweres Gewicht (z. B. einen Stein) zum Beschweren darauf. Sobald Wasser an die Oberfläche steigt, entfernen Sie das Gewicht und rühren die Mischung um. Anschließend geben sie ein leichteres Gewicht in den Topf oder lassen es weg. Jeden Tag, wenn Sie Pickles herausnehmen, rühren Sie die Mischung um, um ein Schimmeln zu verhindern und um einen gleichbleibenden Geschmack zu erzielen.

Mit dieser Methode wird sich die Kleiemischung einige Jahre zum Fermentieren verwenden lassen. Obwohl Sie einige Pickles schon nach zwei bis drei Tagen essen können, denken Sie daran, daß die Gemüse mit zunehmender Gärzeit immer schmackhafter werden. Wichtig ist, daß Sie den Gärtopf immer abdecken, an einem kühlen Ort lagern und immer sauber halten.

Wenn die Kleie (oder das Reismehl) zu weich wird, geben Sie frisch geröstete Kleie oder Mehl und etwas rohes, unraffiniertes Meersalz hinzu. Geben Sie immer nur wenig dazu, damit der Geschmack der Pickles nicht verdorben wird. Für yinigere Pickles können Sie auch Äpfel verwenden. Es empfiehlt sich daher, für Obst-Pickles einen eigenen Topf zu nehmen. Diese Pickles sind gut für Kinder, aber Erwachsene mögen sie sicher genauso gerne.

Wenn Sie die Gemüse aus dem Gärtopf herausnehmen, schneiden Sie sie in hauchdünne Scheiben und garnieren Sie sie auf einem kleinen Teller. Da diese Pickles salzig sind, genügen ein bis zwei Scheibchen pro Person, pro Schale Getreide.

Und nun viel Spaß beim Zubereiten und Essen der Pickles!

おもしろ味噌の使い方

Kapitel 7

# Verschiedene Misospezialitäten

## Pizza

**Belag:**

*1 Tasse gehackte Zwiebeln*
*3 Tassen Karotten, in große Stücke geschnitten*
*2 Tassen rote und grüne Paprika, in Streifen geschnitten*
*1 Tasse Lauch (oder Schalotten), in Streifen geschnitten*
*1/2 Tasse Gerstenmiso*
*1/2 Tasse Wasser*
*1 Prise Meersalz*
*1 Teelöffel Ingwersaft*
*1 Tasse Tofu, gewürfelt oder in Streifen geschnitten.*

Einen erhitzten Drucktopf mit Sesamöl einpinseln. Erst die Zwiebeln und dann die Karotten sautieren, eine Prise Salz und das Wasser dazugeben. Auf mittlerer Hitze aufkochen und 15 Minuten unter Druck kochen. Gemüse pürieren, mit Ingwersaft und Miso mischen und zur Seite stellen.

Eine heiße Pfanne mit Öl auspinseln und Paprika, Zucchini und Lauch (Schalotten) leicht sautieren. Auf die Seite stellen.

**Pizzaboden:**

*2 1/2 Tassen frisch gemahlenes, feines Vollkornweizenmehl*
*1 Messerspitze Salz*
*1 Tasse Wasser (Mineralwasser)*
*1 Teelöffel Öl*

Das Mehl mit Salz und Öl in einer Schale mischen und gut durchkneten, bis der Teig weich und geschmeidig ist. Restliches Mehl dazukneten, damit der Teig zäher wird. Auf einem mit Mehl bestäubten Holzbrett gut durchkneten, bis der Teig flexibel ist. 15 Minuten ruhen lassen.

Die Hälfte des Teiges kreisförmig auswalzen und in eine Bratpfanne oder auf ein Kuchenblech legen. Die Hälfte des Karottenpürees gleichmäßig auf den Teig streichen und Paprika, Lauch, Zucchini und Tofu darauflegen. In einem vorgeheizten Ofen bei 190° C 30 Minuten backen.

Das Rezept reicht für 2 mittelgroße Pizzen.

**Variation für die Pizzafüllung:**

Statt Karottenpüree kann man auch Kürbispüree verwenden. Als weitere Auflage eignen sich auch Garnelen, Muscheln oder Fischfiletstückchen (von weißfleischigem Fisch).

## Misoburgers

*2 Tassen gekochter Reis*
*1 Stange Lauch oder Schalotte, in dünne Scheiben geschnitten*
*1 Teelöffel Tahin*
*1 gehackte Zwiebel*
*1 Teelöffel Miso*
*1/2 Tasse Tofu oder Seitan (Weizengluten)*

Gekochten Reis, Lauch, Tahin, Zwiebeln, Miso und Tofu (Seitan) gut durchmischen und mit leicht angefeuchteten Figern flache Klopse formen. Sesamöl in einer Pfanne erhitzen und die Burger bei mittlerer Hitze goldbraun backen. Mit einem Blatt Salat und Pickles oder Senf auf einem Brötchen oder Brot schön anrichten.

**Variante:**
Statt Tofu oder Weizengluten kann man auch Okara, mit grünen Kräutern vermischt, benutzen.

## Geröstete Miso-Sandwiches

*3 Scheiben Brot*
*1/4 Tasse Schalotten-Miso-Creme (siehe Seite 76))*
*Sesamöl zum Toasten*
*Petersilie und andere grüne Kräuter zum Garnieren*

Schalotten-Miso-Creme auf das Brot streichen. Eine Pfanne mit Öl auspinseln, erhitzen und die Sandwiches darin knusprig rösten. Vor dem Servieren mit Kräutern garnieren.

## Miso-Brot

Miso fördert den Fermentierungsprozeß und gibt dem Brot einen süßen Geschmack. Sie können alle Backrezepte mit Miso anstelle von Meersalz ausprobieren.

*8 Tassen frisch gemahlenes Vollkornweizenmehl*
*3 Tassen Wasser*
*2/3 Tassen Miso*

Mehl in eine Schale geben, Miso mit einer Tasse Wasser anrühren und mit dem restlichen Wasser und dem Mehl mischen. Etwa 10 Minuten durchkneten, bis der Teig weich und elastisch geworden ist. Den Teig in eine leicht geölte Form geben und mit einem feuchten Tuch abdecken. Lassen Sie das Brot über Nacht an einem warmen Platz (Heizung) stehen.

Am nächsten Tag kneten Sie den Teig noch einmal durch und machen zwei Laibe daraus. Zwei Brotformen erhitzen und mit Öl auspinseln, den Teig hineingeben, mit einem feuchten Tuch abdecken und 2-4 Stunden an einem warmen Platz gehen lassen. Das Brot in einen kalten Ofen geben und bei 180° C etwa 1 Stunde und 15 Minuten backen. Stellen Sie ein kleines Töpfchen mit kaltem Wasser auf den untersten Ofenrost, damit das Brot gleichmäßig braun wird.

**Variation:**

Geben Sie an das oben angegebene Rezept nur die Hälfte des Miso und verfahren Sie weiter wie vorgegeben. Bevor Sie den Teig in zwei Laibe formen, den Teig etwa fingerdick flach ausrollen, die andere Hälfte Miso aufstreichen, den Teig zusammenrollen, in die Form legen und wie oben angegeben backen. Wenn Sie das Brot dann aufschneiden, gibt es eine hübsche Spirale zu sehen.

Wenn Sie das Brot reichhaltiger machen wollen, geben Sie eine dünne Schicht Tahin oder Nußmus auf die Misoschicht und verfahren dann weiter, wie angegeben.

## Miso-Bratäpfel

*3 mittelgroße Äpfel*
*2 Teelöffel Walnüße, gehackt und geröstet*
*2 Teelöffel Miso*
*1/4 Teelöffel geriebene Zitronenschale*

Kerngehäuse aus den Äpfeln entfernen. Miso, Nüße und Zitronenschale gut mischen und in die Äpfel füllen. Äpfel auf ein gefettetes Backblech geben und im vorgeheizten Ofen bei 190° C ca. 20 Minuten backen.

## Fritierte Misobällchen

*1 Tasse frisch gemahlenes Vollkornweizenmehl oder weich gekochter Reis*
*3/4 Tasse Wasser*
*2 mittelgroße, gehackte Zwiebeln*
*1 Teelöffel Miso*

Gehackte Zwiebeln mit Mehl (Reis) mischen, nach und nach Wasser dazugeben, bis ein ziemlich trockener Teig entsteht. Löffelweise in heißem Öl goldbraun backen. Gut abtropfen lassen und mit einer Dip-Soße aus Tamari, Wasser, frisch geriebenem Ingwer und hauchdünn geschnittenen Schalotten oderZwiebeln servieren.

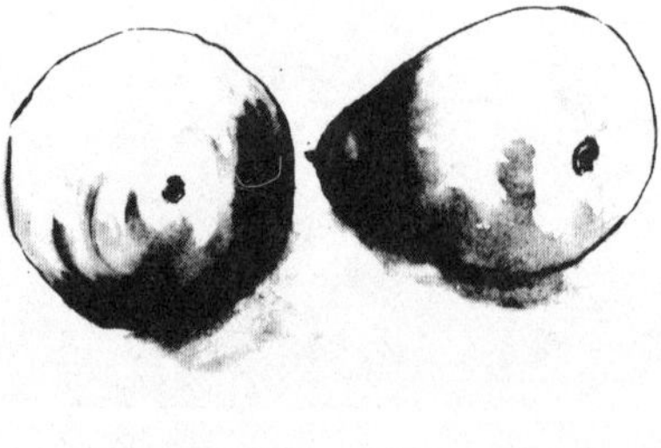

## Miso-Apfelschnitten

**Zutaten für die Füllung:**

*4 Tassen kleingeschnittene Äpfel*
*1 Tasse Rosinen*
*3 Tassen Wasser*
*1 Prise Meersalz*
*1/2 Tasse Miso*
*1 Teelöffel geriebene Orangenschale*
*1 bis 2 Teelöffel Kuzu oder Pfeilwurzelstärke*
*1/2 Tasse geröstete und gehackte Nüße*

Rosinen waschen und einweichen. Äpfel waschen, kleinschneiden und mit Wasser und Salz in einen Topf geben. Auf kleiner Flamme 3 bis 4 Stunden kochen lassen (oder eine Stunde im Drucktopf). 1/2 Tasse Flüssigkeit herausnehmen, das Miso damit anrühren, in den Topf geben und 15 Minuten mitziehen lassen. Orangenschale (gegebenenfalls etwas Orangensaft) dazugeben. Kuzu in kaltem Wasser anrühren und in den Topf geben. Auf kleiner Flamme mitkochen lassen, bis das Kuzu transparent wird. Dann abkühlen lassen. (Aroma und Geschmack sind intensiver, wenn man die Füllung einen Tag stehen läßt.)

**Variation:**

Anstelle der Äpfel kann man auch Karotten verwenden.

**Zutaten für den Boden:**

*2 Tassen frisch gemahlenes Vollkornweizenmehl*
*1/4 Tasse Öl*
*2/3 Tasse Wasser (Mineralwasser)*
*1 Messerspitze Salz*

Mehl, Salz und Öl gut miteinander mischen, Wasser dazugeben und schnell zu einem Teig verkneten. Den Teig nur leicht kneten, damit er locker und knusprig wird. 10 Minuten ruhen lassen, dann halbieren und auf einem mit Mehl bestäubten Brett auswalzen. Auf ein Backblech legen und bei 200° C 15 Minuten backen. Füllung auf den Boden geben und servieren.

## Miso-Spaghettisoße

*1 Knolle Rote Bete mit Blättern*
*4 Zwiebeln, gehackt*
*4 bis 5 Karotten*
*1 Paprika*
*2 Zucchini (2 Stangen Sellerie)*
*2 Teelöffel Reis- oder Gerstenmiso*
*Öl zum Sautieren*
*Kräuter zum Garnieren*

Gemüse gründlich waschen und kleinschneiden, ca. 20 Minuten im Drucktopf kochen. Die gehackten Zwiebeln mit Sesamöl sautieren und mit den anderen Gemüsen mischen. Alle Gemüse mit einem Mixer pürieren, das mit Wasser angerührte Miso dazugeben und 5 Minuten auf kleiner Flamme kochen lassen. Bei Bedarf mehr Miso dazugeben. Mit Kräutern garnieren und mit Vollkornnudeln servieren.

**Variationen:**

Frisches, gehacktes Basilikum und Oregano in die Sauce geben. Sautierte Pilze und/oder Seitan (Weizengluten) oder Tofustücke in die Soße geben.

2 Teelöffel Tahin in die Soße rühren und andere sautierte oder fritierte Gemüse darübergeben.

Es gibt wirklich endlose Kombinationsmöglichkeiten. Lassen Sie Ihre Phantasie spielen!

味噌の作り方

Kapitel 8

# Miso selbstgemacht

Wenn die goldenen Reisfelder abgeerntet sind und die Dankesfeiern an den heiligen Stätten vorüber sind, beginnt in den japanischen Dörfern die Vorbereitung für den Winter. Jetzt ist die Zeit, in der die Sonne täglich tiefer steht, und in der die späten Herbstregen die Erde sanft besprühen.

Jede Familie bereitet ihre eigene Misoart: *kome*-Miso (Reis-Miso), *mugi*-Miso (Gersten-Miso), *name*-Miso (Salz und Aubergine oder Melonen) oder *misozuke* (Miso mit eingelegtem Gemüse). Wenn eine Familie Nachbarn oder Gäste eingeladen hat, dann gehört der Austausch der verschiedenen Misoarten zu den Ritualen der Gastfreundschaft. Durch das Miso fließt die Tradition der Familie und die guten Leistungen der Eltern in das Blut der Kinder und schafft dort Frieden und Gesundheit.

Die Japaner vergleichen die Herstellung von Miso mit der Zucht von Pflanzen. Sie sagen, daß Miso — wie alle lebendigen Dinge — ein Ausdruck der Geisteshaltung, der Hingabe und der Aufrichtigkeit seines Schöpfers sei.

Zur Misoherstellung braucht man nur wenige Zutaten (Sojabohnen, Quellwasser, Meersalz, Misostarter (Koji) und gegebenenfalls Kojistarter), deswegen kann man es leicht zu Hause herstellen.

Miso wird in einem zweistufigen Fermentationsvorgang hergestellt. Im ersten Schritt werden das Getreide oder die Bohnen fermentiert, um Enzyme zu erzeugen. Das Ergebnis dieses Vorgangs ist *koji*, ein sogenannter Misostarter. Im zweiten Schritt wird aus *koji, Sojabohnen* und *Salz* Miso hergestellt.

**Koji**

*Koji* ist fermentiertes Getreide (z. B. Weizen, Gerste, Reis, oder Sojabohnen). Jede Misosorte hat ihren Namen nach dem verwendeten Koji (Misostarter). Er verwandelt die Stärke im Getreide und das Eiweiß der Sojabohnen in ein leichter lösliches Produkt, das im zweiten Stadium von Bakterien und Hefen fermentiert wird.

Frisches, selbstgemachtes Koji ist natürlich von besserer Qualität als fertiggekauftes, aber die Herstellung ist für den Anfänger ein wenig kompliziert und zeitaufwendig. Außerdem braucht man noch einen Kojistarter dazu.

Es empfiehlt sich daher, mit dem fertigen, getrockneten Misostarter zu beginnen. Sie erhalten diesen Starter über die im Anhang angegebenen Adressen.

**Sojabohnen**

Obwohl man alle Hülsenfrüchte fermentieren kann (wie z. B. Linsen, Feldbohnen, Kichererbsen, Garnazobohnen, gelbe Lupinen, Azukibohnen usw.), werden seit alters her die Sojabohnen für die Miso-Produktion in Japan bevorzugt.

Inzwischen sind Sojabohnen in Europa nicht nur als Futter-, sondern auch als Gemüsebohnen sehr geschätzt. Sogar beste Qualität aus biologischem Anbau bekommt man jetzt schon in fast allen Naturkostläden und Reformhäusern.

Die Grundlage für Miso geben die weiß-gelben Sojabohnen, die zum Verzehr geeignet sind.

**Wasser**

Zum Kochen der Sojabohnen können Sie das übliche Leitungswasser verwenden, aber Mineralwasser (stilles) oder Quellwasser ergeben einen besseren Geschmack und eine bessere Qualität des Misos. Vermeiden Sie stark mit Chlor oder anderen Chemikalien versetztes Wasser. Es kann die Fermentation und den Geschmack des Misos beeinträchtigen.

**Salz**

Das Salz wirkt hier als natürliches Konservierungsmittel. Es fördert einerseits das Wachstum gewisser Mikroorganismen, die durch die Fermentation entstehen, und entzieht andererseits schädlichen Bakterien den Nährboden. Wie in den vorangegangenen Rezepten empfehlen wir auch hier die Verwendung von unraffiniertem Meersalz, da es im Gegensatz zum herkömmlichen Steinsalz ein besser ausgewogenes Verhältnis an Mineralstoffen und Spurenelementen bietet.

Mit zunehmender Lagerzeit wird der salzige Geschmack des Miso milder. Man kann sagen, daß ein Miso, das in kürzester Zeit fertig fermentiert sein soll, weniger Salz braucht als eines mit längerer Reifezeit. Der Prozentanteil für Salz in der folgenden Tabelle wird gemessen an der Menge der Sojabohnen ohne die Beimischung von Misostarter:

## Mindestreifezeit im Verhältnis zum Salzgehalt *

| Salzgehalt | Mindestreifezeit |
|---|---|
| 20 % (1 Tasse) | 3 Monate |
| 30 % (1 1/2 Tassen) | 6 Monate |
| 40 % (2 Tassen) | 9 Monate |
| 50 % (2 1/2 Tassen) | 1 Jahr |
| 100 % (5 Tassen) | 3 Jahre |

* Die Salzmenge ist berechnet auf der Basis von 5 Tassen trockenen Sojabohnen

Bevor Sie mit der Herstellung Ihres eigenen Misos beginnen, noch einige Hinweise, die für die Qualität des hausgemachten Misos ausschlaggebend sind:

Für die Herstellung von Miso brauchen Sie folgende Geräte: 1 Dampfdrucktopf, 1 Schüssel oder Wanne zum Mischen (6-8 l), 1 Fleischwolf, Kartoffelstampfer oder Stößel, 1 Sieb, 1 Holzlöffel oder Spatel, 1 Meßbecher, 1 Fermentationsgefäß, 1 Preßdeckel aus Holz, 1 Preßgewicht (Stein, ca. 2 kg), ungefärbtes Baumwolltuch, Brotpapier, Packpapier, Etikett.

Achten Sie auf peinlichste Sauberkeit der verwendeten Geräte und Ihrer Hände. Waschen Sie sie möglichst heiß ab, und gut spülen, damit möglichst wenig unerwünschte Mikroorganismen die Fermentation des Misos beeinflussen können.

Wichtig ist die Beschaffenheit des verwendeten Fermentationsgefäßes. Es sollte vorzugsweise aus Holz, Steingut oder Glas sein. Glas hat den Vorteil, daß Sie den Fermentationsprozeß gut beobachten können. Das Gefäß sollte mindestens 5 Liter fassen. Bei kleineren Gefäßen wird das Miso leicht säuerlich oder alkoholisch.

## Hausgemachtes Gersten-Miso

*10 Tassen Sojabohnen*
*30 Tassen Mineral- oder Quellwasser*
*5 Tassen unraffiniertes Meersalz*
*10 Tassen Gersten-Koji (Miso-Starter)*

Sojabohnen gut verlesen, in kaltem Wasser waschen und über Nacht einweichen (bis zu 17 Stunden an einem kalten Ort stehen lassen). Gute Sojabohnen quellen dabei um das zwei- bis dreifache ihrer ursprünglichen Größe auf. Das Einweichwasser sollte in dieser Zeit einmal gewechselt werden, um Keimen oder Gärung der Sojabohnen zu vermeiden.

Früher wurden die Sojabohnen dann im hölzernen Dämpfer gegart, bis sie weich waren. Wenn ein Dämpfer aus Holz oder Edelstahl nicht vorhanden ist, dann koche man die Bohnen in ihrem Einweichwasser etwa 16 Stunden, nötigenfalls gibt man Wasser dazu. Im Drucktopf kann man die Kochzeit auf zwei bis drei Stunden reduzieren. Die Bohnen sollten auf jeden Fall so weich sein, daß man sie zwischen Daumen und Zeigefinger leicht zerdrücken kann.

Anschließend auf Zimmertemperatur abkühlen lassen, Kochwasser abgießen und für spätere Verwendung aufheben. Sojabohnen zu 2/3 durch einen Fleischwolf drehen oder mit einem Stampfer im Suribachi pürieren. Das

Kochwasser dazugeben und mit dem restlichen Drittel der Sojabohnen mischen. Dann nacheinander Meersalz und Koji gründlich mit dem Sojabohnenpüree vermischen.

Den Gärtopf mit etwas Meersalz einreiben und zu 2/3 mit der Mischung füllen. Der Topf darf nicht ganz gefüllt werden, da sich das Miso während der Reifezeit noch ausdehnt. Wenn man das Miso süßer machen will, kann man mehr Koji als Sojabohnen in die Mischung geben. Aber man sollte das Verhältnis Koji zu Sojabohnen nicht höher wählen als 2:1, da sonst das Miso zu leicht verdirbt.

Die Oberfläche der Misomischung glattstreichen, etwa 1 1/2 Teelöffel Salz darüberstreuen, ein ungefärbtes Baumwolltuch darauf legen und mit einem hölzernen Deckel abdecken. Brotpapier oder Folie auf den Deckel tun und den oder die Steine darauflegen (das Gesamtgewicht der Steine sollte nicht höher sein als 1/7 des Gewichtes der angesetzten Misomischung). Den Gärtopf mit Packpapier oder Folie abdecken und zubinden, damit kein Staub in den Topf gelangen kann. Bei Zimmertemperatur lagern. Es empfiehlt sich, den Gärtopf mit der Angabe des Datums und der genauen Inhaltsstoffe zu etikettieren.

Nach etwa 10 Tagen den Topf öffnen und die Mischung gut durchrühren. Wiederholen Sie das noch zweimal im Abstand von 10 Tagen. Achten Sie darauf, daß der Gärtopf nicht länger als nötig offen bleibt, damit sich keine unerwünschten Bakterien oder Schimmel an der Oberfläche ansiedeln.

Nach etwa einem Monat sollte sich an der Oberfläche flüssiges Tamari (konzentrierte Sojasoße) angesammelt haben. Ist das nicht der Fall, muß man den Preßdruck mit Steinen erhöhen. Das Tamari sollte nicht höher als 1 1/2 cm über dem Miso stehen.

Wenn man das Miso jeden Monat oder alle zwei Monate auf seinen Reifegrad kontrollieren will, dann entfernt man vorsichtig Papier, Steine, Butterbrotpapier und Tuch und kippt den Topf auf die Seite, damit das Tamari zusammenlaufen kann. Dann macht man ein etwa 10 cm tiefes Loch und nimmt etwas Miso heraus, das man auf Geschmack und Aroma prüft und eventuell mit einem gekauften Miso vergleicht. Ist es noch zu weich, erhöhe man das Preßgewicht und entnehme etwas Tamari. Säuerlicher oder alkoholischer Geschmack deuten darauf hin, daß man bei der Herstellung einen Fehler gemacht hat und das Miso möglicherweise unbrauchbar ist. Notieren Sie Ihre Eindrücke auf dem Etikett und verschließen Sie den Gärtopf in der vorher beschriebenen Weise.

Wenn das Miso ausgereift ist, frühestens 3 Monate nach der Herstellung, öffnet man den Gärtopf und entfernt vorsichtig Steine, Papier, Holzdeckel, Tuch und gegebenenfalls entstanden Oberflächenschimmel. Dieser ist zwar nicht schädlich, aber er beeinträchtigt möglicherweise den Geschmack.

Dann wird das Miso gut durchgemischt. Ausgebreitet auf einem sauberen Tuch abkühlen lassen und in ein anderes Gefäß zur weiteren Lagerung abfüllen. Verschließen des Gefäßes wie bekannt und diesmal kühl lagern. Den Bedarf für etwa einen Monat in ein kleines Gefäß füllen und im Kühlschrank aufheben.

Sie können dieses Miso, wenn es nicht süß ist, bis zu 3 Jahre lagern. Dabei wird es ständig seine Farbe, seinen Geschmack und sein Aroma ändern. Das süße Miso sollte sehr kühl gelagert und in 2 Monaten verbraucht werden.

## Reis-Miso und Gersten-Miso

Bei der Herstellung von Miso wird Koji oder Misostarter verwendet, um die Kohlehydrate der Sojabohnen in eine leichter verdauliche Form zu bringen. Beim Reis-Miso wird dieser Prozeß auf der Glucosestufe unterbrochen. Beim Gersten-Miso läuft dieser Prozeß weiter bis zur Alkoholstufe. Der Alkohol verdunstet in der Regel zwischen dem zweiten und dritten Jahr der Reifezeit und der Gehalt an Kohlehydraten nimmt proportional dazu ab. Beim Reis-Miso wiederum nehmen die Glucose- und Kohlehydratvolumina während der Fermentation und Alterung nicht ab, wohl jedoch der Gehalt an Wasser.

Reis-Miso wird ebenso zubereitet wie Gersten-Miso, nur wird hierbei Reis-Koji anstelle von Gersten-Koji verwendet.

## Weizen-Miso

Weizenmiso hat den gleichen typischen Geschmack wie Tamari und Shoyu. Es wird genauso wie Gersten-Miso, jedoch unter Verwendung von Weizen-Koji zubereitet. Weizen-Miso eignet sich besonders zum Einlegen von Gemüse.

## Mischgetreide-Miso

Um verschiedene Geschmacksvarianten zu erhalten, kann man die verschiedenen Koij untereinander in unterschiedlichen Verhältnissen mischen. Zu beachten ist nur das Verhältnis zu den Sojabohnen. Die Herstellung von Mischgetreide-Miso ist wie bei Gersten-Miso.

## Sojabohnen-Miso

Dieses Miso enthält überhaupt kein Getreide, ist sehr einfach im Geschmack, aber dafür sehr kräftigend. Für die Herstellung brauchen Sie ein Sojabohnen-Koji, das wie bei dem Rezept für Gersten-Miso mit einer Mischung aus gedämpften oder gekochten Sojabohnen und Meersalz angesetzt wird. Für Soja-Miso wird ein Verhältnis von Koji zu Sojabohne von 30-50 % Koji, berechnet auf die Menge der verwendeten trockenen Sojabohnen, empfohlen.

Der Misostarter braucht länger. Deshalb benötigt das Soja-Miso mindestens 3 Jahre zur Fermentation. Reifezeiten von 10, 20 und mehr Jahren sind keine Seltenheit in Japan. Ein so altes Miso wird aber mehr zu medizinischen Zwecken verwendet als zum täglichen Gebrauch.

Während der Lagerung des Soja-Misos steigt ein Saft auf. Das ist das ursprüngliche Tamari. Soja-Miso ist trockener als die anderen Misoarten. Deshalb wird es gerne für die Herstellung von Tekka genommen, welches Gewürz (für Getreide) und Heilmittel zugleich ist.

Wenn kein Soja-Koji erhältlich ist, kann es auf einfache Weise selbst hergestellt werden.

Sie kochen dazu Sojabohnen wie bereits beschrieben, formen Sie zu faustgroßen Bällchen und lagern diese ohne Abdeckung 7 Monate in einem Regal an einem warmen, sauberen Ort. Die Sojabällchen werden ganz natürlich fermentieren. Nach der Reifezeit entfernen Sie den Staub von den Bällchen und mischen den so gewonnenen Starter mit der entsprechenden Menge Salz und gekochten Sojabohnen. Der weitere Ablauf ist wie bei Gersten-Miso.

## Miso aus schwarzen Sojabohnen

Die schwarzen Sojabohnen mit ihrem reichen Geschmack ergeben ein köstliches Miso, das sich gut für das Einlegen von Miso-Pickles und für Salatsaucen eignet.

Die Bohnen werden gut gewaschen und eingeweicht, bis sie das 2 1/2fache ihrer ursprünglichen Größe erreicht haben. Dämpfen oder kochen Sie die Bohnen im Einweichwasser, bis sie weich sind, und pürieren Sie sie mit dem Fleischwolf. Auf Körpertemperatur abkühlen lassen, mit Reis-Koji im Verhältnis 1:1 mischen und weiter verfahren, wie im Rezept für Reis-Miso beschrieben.

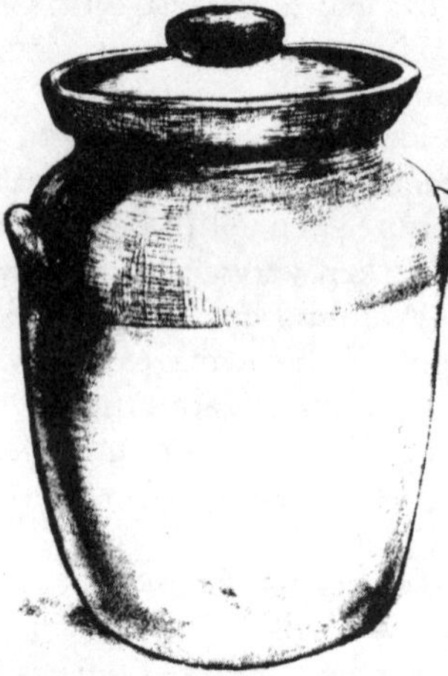

# Glossar

## Zutaten

**Azuki Bohnen**

Eine kleine rote Sojabohnenart, die überwiegend aus Japan importiert wird. Die Bohne, die am meisten yang ist.

**Daikon**

Langer weißer Rettich, der sehr gut zu Misosuppe und anderen Gemüsegerichten paßt. Er ist frisch, getrocknet oder eingelegt erhältlich. Sehr stark yin. Gerieben und mit etwas Tamari angemacht ist Daikon gut gegen Verstopfung. Im Sommer hilft geriebener Daikon gegen zu starkes Schwitzen.

**Dulse**

Eine delikate Algenart, die sehr mineralreich ist. Dulse wird an der Westküste Kanadas gefunden.

**Ingwer**

Eine Yin-Wurzel, die zur Zubereitung zahlreicher Nahrungsmittel benutzt wird. Frischer Ingwer ist pulverisiertem vorzuziehen

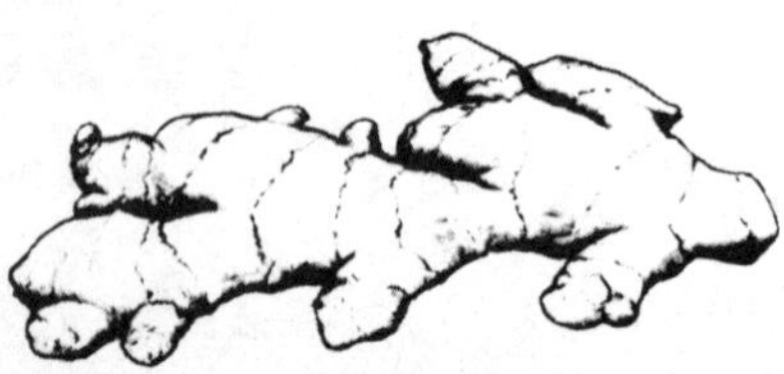

**Kanten**

Eine Algenart, die sowohl am Stück als auch als Pulver angeboten wird (Agar-Agar). Sie wird als Geliermittel, als Ersatz für Gelatine verwendet. Die Gelierwirkung funktioniert ohne Kühlung.

**Koji**

Fermentiertes Getreide oder Sojabohnen. Es ist als „Misostarter" Ausgangsprodukt für die Herstellung von Miso.

**Kombu**

Eine Alge mit einem hohen Gehalt an Jod und anderen Spurenelementen. Sie wird seit Tausenden von Jahren als Suppengrundlage und Gemüse benutzt.

**Kuzu**

Eine Pflanze die zur Familie der Pfeilwurzelgewächse gehört. Ihre Wurzel wird in Pulverform als Dickungsmittel und für medizinische Zwecke benutzt.

**Lotoswurzel**

Die Wurzel der Lotospflanze wird auch als Gemüsepflanze verwendet. In der traditionellen Heilkunde gilt sie als Heilmittel für die Lunge.

**Mungbohnen**

Eine kleine grüne Sojabohnenart, die aus Indien kommt. Sie ist ideal geeignet zur Herstellung von Sojasprossen

**Nigari**

Gerinnungsmittel zur Herstellung von Tofu. Chemisch handelt es sich dabei um Calciumchlorid. Natürlich hergerstelltes Nigari wird produziert, indem man einen Leinensack mit nassem Meersalz aufhängt. Die herabtropfende Flüssigkeit wird aufgefangen und getrocknet. Das so entstehende Pulver ist Nigari.

**Nori**

Eine dunkle japanische Algenart, die in dünnen Streifen angeboten wird. Sie ist für Garnierungen sehr geeignet. Nori kann geröstet werden, indem man die Streifen über eine Flamme hält und sie dabei schnell hin und her bewegt. Wenn die Alge hellgrün wird, wird sie herumgedreht und von der anderen Seite geröstet. Danach kann sie in kleine Stücke geschnitten und zur Garnierung verwendet werden.

**Nuka**
Die Kleie vom Reis.

**Öl**
In den Rezepten in diesem Buch sollte unraffiniertes Pflanzenöl benutzt werden. Am besten ist Sesamöl, Sonnenblumenöl ist auch recht gut.

**Reis**
Brauner Vollreis ist die Basis makrobiotischer Ernährung, da er das Getreide mit der ausgewogensten Nährstoffzusammensetzung ist. Er enthält Protein und viele Vitamine, darunter auch solche aus dem B-Komplex.

**Salz**
Für die Rezepte in diesem Buch sollte ausschließlich Meersalz benutzt werden. Vor Gebrauch sollte man das Meersalz rösten, um es zu yangisieren.

**Sesam**
Sesamsaat ist reich an Nährstoffen. Sie enthält viel Protein, Kalzium und Phosphor. Die Samen sind vielseitig verwendbar. Vor der Verwendung empfiehlt es sich, sie zu rösten.

**Tahin**
Eine Paste, die aus Sesamsaat hergestellt wird. Ursprünglich stammt sie aus dem Mittleren Osten. Tahin eignet sich vorzüglich als Brotaufstrich.

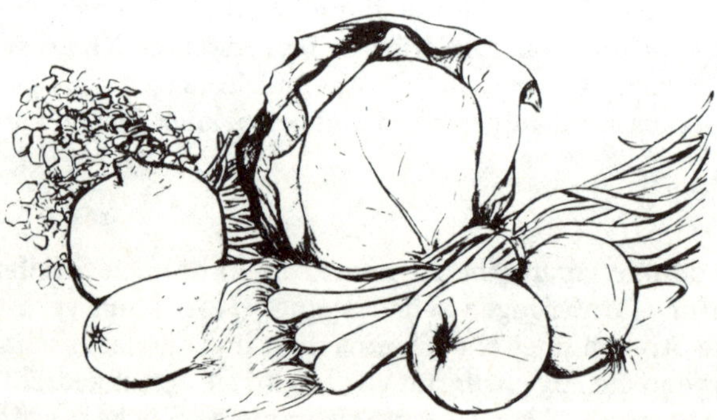

**Tamari**

Die Sojasoße Tamari ist ursprünglich ein Nebenprodukt der Misoherstellung. Sie besteht nur aus Sojabohnen und Salz.

**Tofu**

Ein Sojaprodukt, das auch als Sojaquark bekannt ist. Es wird durch einen Fermentationsprozeß mit dem Gerinnungsmittel Nigari hergestellt. Tofu ist reich an Eiweiß und Vitamin B.

**Umeboshi**

In Salz eingelegt Pflaumen. Umeboshi wirkt verdauungsfördernd und ist ein Heilmittel gegen zahlreiche Leiden.

**Wakame**

Eine japanische Algenart mit hell- bis dunkelgrünen Blättern. Sie eignet sich für Suppen, zu Gemüse und in Salaten.

## Die Autorin

Aveline Tomoko Kushi wurde in einem kleinen Dorf in Izumo/Japan geboren. Nach einer Ausbildung als Grundschullehrerin begann sie mit dem Studium der Prinzipien des Yin und Yang und der makrobiotischen Ernährung bei George und Lima Ohsawa.

1951 zog sie in die USA, wo sie Michio Kushi, einen bekannten Lehrer der makrobiotischen Lebensweise, heiratete.

In den letzten Jahrzehnten haben Tausende von Menschen die Kochkurse von Frau Kushi besucht. Zusammen mit ihrem Mann hat sie zahlreiche Vortragsreisen durch die USA und auch durch Europa unternommen.

Heute lebt Frau Kushi, die Mutter von fünf Kindern ist, in Brookline, Massachusetts

# Tabellen: Zusammensetzung der Lebensmittel

## Sojabohnen und Sojabohnen-Produkte I

| | | | | | Kohlehydrate | | | | | | |
|---|---|---|---|---|---|---|---|---|---|---|---|
| | Kalorien | Wasser g | Protein g | Fett g | Zucker g | Fasern g | Asche g | Kalzium mg | Natrium mg | Phosphat mg | Eisen mg |
| Sojabohnen getrocknet, roh | 392 | 12,0 | 34,3 | 17,5 | 26,7 | 4,5 | 5,0 | 190 | 3,0 | 470 | 7,0 |
| Entfettete Sojabohnen | 322 | 8,0 | 49,0 | 0,4 | 33,6 | 3,0 | 6,0 | 220 | 4,0 | 550 | 8,4 |
| Geröstetes Sojamehl | 426 | 5,0 | 38,4 | 19,2 | 29,5 | 2,9 | 5,0 | 190 | 4,0 | 500 | 9,0 |
| Sojamilch | 42 | 90,8 | 3,6 | 2,0 | 2,9 | 0,2 | 0,5 | 15 | 2,0 | 49 | 1,2 |
| Tofu | 58 | 88,0 | 6,0 | 3,5 | 1,9 | — | 0,6 | 120 | 5,0 | 86 | 1,4 |
| Geröstetes Tofu | 82 | 83,0 | 8,8 | 5,1 | 2,1 | — | 1,0 | 180 | 15 | 120 | 1,9 |
| Aburage gebratenes Tofu | 346 | 44,0 | 18,6 | 31,4 | 4,5 | 0,1 | 1,4 | 300 | 20 | 230 | 4,2 |
| Yuba | 432 | 8,7 | 52,3 | 24,1 | 11,9 | — | 3,0 | 270 | 80 | 590 | 11,0 |
| Okara | 65 | 84,5 | 3,5 | 1,9 | 6,9 | 2,3 | 0,9 | 76 | 4,0 | 43 | 1,4 |
| Hama-natto | 237 | 38,1 | 25,9 | 12,4 | 9,2 | 1,5 | 12,9 | 130 | 3,9 | 350 | 7,8 |

# Sojabohnen und Sojabohnen-Produkte II

| | Vitamine | | | | |
|---|---|---|---|---|---|
| | Vitamin A I. E. | Carotin I. E. | $B_1$ mg | $B_2$ mg | Niacin mg |
| Sojabohnen getrocknet, roh | 6 | 20 | 0,50 | 0,20 | 2,0 |
| Entfette Sojabohnen | 0 | 0 | 0,45 | 0,15 | 2,0 |
| Geröstetes Sojamehl | 5 | 15 | 0,40 | 0,15 | 2,0 |
| Sojamilch | 0 | 0 | 0,03 | 0,02 | 0,5 |
| Tofu | 0 | 0 | 0,02 | 0,02 | 0,4 |
| Geröstetes Tofu | 0 | 0 | 0,02 | 0,02 | 0,4 |
| Aburage gebratenes Tofu | 0 | 0 | 0,02 | 0,02 | 0,5 |
| Yuba | 20 | 60 | 0,20 | 0,08 | 2,0 |
| Okara | 0 | 0 | 0,05 | 0,02 | 0,3 |
| Hama-natto | 0 | 0 | 0,08 | 0,11 | 0,1 |

# Miso I

| | Kal. | Wasser g | Protein g | Fett g | Kohlehydrate Zucker g | Faser g | Asche g | Ca mg | Na mg | P mg | Fe mg |
|---|---|---|---|---|---|---|---|---|---|---|---|
| Süßes Miso (Salz 5,3 %) | 178 | 49,0 | 10,0 | 1,7 | 30,8 | 1,0 | 7,5 | 70 | 2,100 | 120 | 3,0 |
| Helles Miso (*Edo, Shinshu*) (Salz 10,4 %) | 158 | 50,0 | 12,6 | 3,4 | 19,4 | 1,8 | 12,8 | 90 | 4,100 | 160 | 4,0 |
| Dunkles Miso (*Mugi*) (Salz 10,4 %) | 156 | 50,0 | 14,0 | 5,0 | 14,3 | 1,9 | 14,8 | 115 | 4,600 | 190 | 4,0 |
| *Mame, Hatcho, Nagoya* (Salz 9,7 %) | 180 | 47,5 | 16,8 | 6,9 | 13,6 | 2,2 | 13,0 | 140 | 3,800 | 240 | 6,5 |
| *Kinzanji* Miso | 207 | 48,0 | 7,0 | 2,5 | 37,0 | 2,0 | 3,5 | 60 | | 100 | 4,0 |
| *Tekka* Miso | 249 | 40,0 | 9,0 | 5,2 | 40,8 | 2,0 | 3,0 | 150 | | 250 | 60 |

## Miso II

| | A I. E. | Carotin I. E. | D I. E. | $B_1$ mg | $B_2$ mg | Nikotin mg | C mg |
|---|---|---|---|---|---|---|---|
| **Süßes Miso** (Salz 5,3 %) | 0 | 0 | — | 0,05 | 0,10 | 1,5 | 0 |
| **Helles Miso** (*Edo, Shinshu*) (Salz 10,4 %) | 0 | 0 | | 0,03 | 0,10 | 1,5 | 0 |
| **Dunkles Miso** (*Mugi*) (Salz 10,4 %) | 0 | 0 | — | 0,03 | 0,10 | 1,5 | 0 |
| *Mame, Hatcho, Nagoya* (Salz 9,7 %) | 0 | 0 | — | 0,04 | 0,12 | 1,2 | 0 |
| *Kinzanji* Miso | 0 | 0 | — | 0,02 | 0,06 | 0,8 | 0 |
| *Tekka* Miso | 0 | 0 | — | 0,10 | 0,15 | 1,5 | 0 |

## Bezugsquellen

Die meisten der in diesem Buch verwendeten Zutaten sind in jedem Naturkostladen erhältlich

Naturkostläden können den Misostarter Koji beziehen bei:

**Arche Naturkost,** Ziegelstr. 16, 7980 Ravensburg

**Schwarzbrot,** Rutschbahn 5, 2000 Hamburg 13

# Empfehlenswerte Literatur

Michio Kushi: **Das Buch der Makrobiotik,**
Verlag Bruno Martin

Michio Kushi: **Natürliche Heilung mit Makrobiotik,**
Verlag Bruno Martin

**Das Lima Ohsawa Kochbuch** — Die Kunst des naturgerechten Kochens,
Irisiana Verlag

Alexander Nabben: **Soja-Küche — vielseitg und gesund,**
pala-verlag

William Shurtleff/Akiko Aoyagi: **Das Miso-Buch,**
Ahorn-Verlag

William Shurtleff/Akiko Aoyagi: **Das Tofu-Buch,**
Ahorn-Verlag

Rolf Goetz: **Naturkost — ein praktischer Warenführer,**
pala-verlag

# Index

# Kochbücher aus dem pala-verlag

## Sojaküche

Obwohl täglich Sojaprodukte im Wert von über 9 Millionen DM über die deutschen Grenzen kommen, ist die Sojabohne bis heute recht unbekannt geblieben, und damit auch ihre vielseitigen Verwendungsmöglichkeiten. Doch es spricht sich immer mehr herum, daß diese „unscheinbare" Bohne geradezu ein Weltmeister der Vielseitigkeit ist.

Ihre ernährungsphysiologische Zusammensetzung ist in dieser Komposition wohl einmalig. Der Samen der Sojapflanze besteht zu fast 40 % aus Eiweiß mit einer für die menschliche Ernährung hohen biologischen Wertigkeit. Die Sojabohne enthält als einzige Hülsenfrucht — wie Fleisch — vollständiges Eiweiß (Protein) mit allen 8 essentiellen Aminosäuren.

Zudem liefert keine andere Feldfrucht so viel verwertbares Protein pro Hektar Anbaufläche, nämlich fast 400 kg (Rindfleisch dagegen nur 22 kg).

In diesem Soja-Kochbuch sind sowohl die traditionellen Sojaspeisen des Ostens als auch die modernen des Westens aufgeführt. Jeder wird erstaunt sein, wie einfach sich vielseitige Variationen herstellen lassen.

Gerade in eine Ernährung mit naturbelassener Vollwertkost paßt die Sojabohne vorzüglich. Aber ganz gleich, welche Ernährungsrichtung bevorzugt wird, Soja ist eine wichtige Bereicherung.

In diesem Buch soll es auch darum gehen, alte Vorurteile und Fehlinformationen auszuräumen und durch leicht nachvollziehbare (und schmeckbare) Tatsachen zu ersetzen, aus deren Vorzügen jeder schöpfen kann.

Alexander Nabben: **Sojaküche — vielseitig und gesund**

**Paperback, 144 Seiten, 14,80 DM**

## Einfach anders essen

Der Titel dieses Buchs sagt, wenn man ihn genau liest, alles. *Einfach* essen, das heißt Rezepte, die ohne exotische Zutaten und ohne komplizierte Techniken zubereitet werden. *Anders* essen heißt, daß auch einfache Gerichte gesund und ökologisch sein können. Gemüse der Saison, vielfach in Vergessenheit geratene Getreidegerichte, aber auch Tofu, Tempeh oder Seitan ermöglichen eine gesunde, ausgewogene Naturkost-Ernährung.

Goetz/Queissert: **Einfach anders essen**
Taschenbuch, 160 Seiten; 9,80DM

## Kochen für mich

Immer mehr Menschen leben in Einpersonenhaushalten. Doch im Bereich der Ernährung scheint diese Entwicklung nicht bemerkt zu werden. Lebensmittel werden in Großpackungen angeboten, Kochbücher bringen Rezepte für Familien-Menüs. Für Alleinlebende bleibt da meist der Griff zum Fertigmenü. Wer sich gesund und vegetarisch ernähren will, ist ratlos. *Kochen für mich* bietet vegetarischer Rezepte für eine Person, von der Suppe über Gemüse-, Getreide-, und Kartoffelgerichte bis zu Nachspeisen.Vergessen wird dabei nicht ein Hauptzweck des Kochens und des Essens: es soll Spaß machen und schmecken.

Greet Buchner: **Kochen für mich**
Vegetarische Rezepte für den Einpersonen-Haushalt,
Taschenbuch, 144 Seiten; 9,80 DM

## Rezepte für das gute Leben

Helen und Scott Nearing verließen 1932 die Stadt, um auf dem Land ein anderes, ein ,,gutes" Leben zu führen. Mehr als fünzig Jahre haben sie diese gute Leben geführt, sie sind zu Pionieren der amerikanischen Aussteigerbewegung geworden.

Für das gute Leben der Nearings spielte auch die Ernährung eine große Rolle. Sie wollten sich möglichst gesund, vollwertig, vegetarisch und aus ihrem eigenen Garten ernähren.

In Helen Nearings bewegtem Leben war kaum Zeit für's Kochen. Verständlicherweise wollte sie möglichst wenig Arbeit und Zeit in die Zubereitung der Mahlzeiten investieren. Daß sie häufig auch für die zahlreichen Besucher der Forest Farm mitkochen mußte — manchmal für zwei, manchmal für zwölf, manchmal für zwanzig Personen — erleichterte ihre Arbeit auch nicht gerade. So entwickelte sie im Laufe von 50 Jahren ihre eigene ,,Küche", mit einfachen und gesunden Gerichten.

Und viele Gäste waren von ihrem Essen begeistert. Immer wieder wurde sie gedrängt, ihre Rezepte aufzuschreiben. Jahrzehnte hat sie sich dagegen gewehrt — mit 76 Jahren gab sie auf und machte sich doch an die Arbeit. Das Ergebnis: ein ganz persönliches Kochbuch, eine Rezeptsammlung von Suppen, Gemüsegerichten über Brotrezepte bis zu Desserts, aber auch ein Lesebuch über Helens Ansichten vom Leben und Essen — ein ,,**Rezeptbuch des guten Lebens**".

Helen Nearing: **Rezeptbuch des guten Lebens**

**Paperback, 208 Seiten, 24,80 DM**

## Das Öko-Kochbuch

Erfahrungen und Erkenntnisse der letzten 10 Jahre haben unsere Ernährungsbedürfnisse verändert. Standen früher Kalorien, Eiweiß und Vitamine im Mittelpunkt, so müssen heute auch Frische, Umwelteinflüsse und ökologische Überlegungen berücksichtigt werden. Daher geht es im *Öko-Kochbuch* nicht nur um einige gesunde oder ökologisch vernünftige Rezepte: Auch Warenkunde, Wissen und Fertigkeiten in der Küche, Informationen über die verschiedenen Formen der Zubereitung, Zusammenstellung der Mahlzeiten — alles unter ökologischen und gesundheitlichen Aspekten — werden behandelt.

Da eine ökologische Küche ‚anders' ist, da es nicht reicht, einfach mit Zutaten aus dem Naturkostladen oder Reformhaus, aber mit den gleichen alten Rezepten und Techniken zu kochen, ist dieses Buch für den, der mit einer gesünderen und ökologischeren Ernährung beginnen will, sehr nützlich.

Aber natürlich kommen die Rezepte nicht zu kurz, mehr als 330 haben die beiden Autorinnen gesammelt. Rezepte für alle Gelegenheiten — vom Getreidekaffee bis zum Festmahl mit mehreren Gängen.

Gisteren / Hospers: **Das Öko-Kochbuch**
Paperback, 200 Seiten; 24,80 DM

Außerdem:

- Charles Gerras: **Rohkost - gesunde Köstlichkeiten,** 233 Seiten, 19,80 DM
- Walter Münster: **Käse selbstgemacht,** 144 Seiten, 19,80 DM